RÄTSEL
ADVENTSKALENDER

Finden Sie weitere Escape Room Bücher von uns. Wir haben noch mehr Abenteuer, die Sie lieben werden. Probieren Sie unbedingt auch unsere anderen Herausforderungen aus.

Bevor Sie beginnen:
Unsere Bücher wurden von unserem Team und unseren Testern geprüft. Alle Rätsel sind lösbar und die notwendigen Informationen sind klar und deutlich dargestellt. Wenn Sie glauben, dass ein Fehler vorliegt, kontaktieren Sie uns:

info@escaperiddle.com

ANLEITUNG

Dieses Buch ist nicht einfach nur ein Buch ... es ist eine interaktive Herausforderung, ein Abenteuer im Escape Room-Stil, das Ihren Einfallsreichtum auf die Probe stellt! Jede Seite bringt Sie der Lösung verborgener Geheimnisse näher, während Sie Hinweise entdecken und Rätsel im reinsten Weihnachtsstil lösen. So starten Sie diese spannende Expedition:

- Jeden Tag eine neue Herausforderung: Von Rätsel 1 bis 24 wartet jeden Tag eine Überraschung, die du entschlüsseln musst, um weiterzukommen. Jede Herausforderung ist einzigartig!
- Beobachten und entziffern: Lesen Sie jedes Wort sorgfältig und achten Sie auf die Details in den Abbildungen. Die wichtigsten Hinweise könnten dort sein, wo Sie sie am wenigsten erwarten.
- Technologie zur Rettung: Jedes Puzzle ist mit einem QR-Code versehen. Scannen Sie ihn! Sie erhalten Zugriff auf interaktive Inhalte wie Minispiele und Puzzles, die Ihnen dabei helfen, bei Ihrer Mission voranzukommen.
- Stellen Sie Ihren Einfallsreichtum auf die Probe: Lösen Sie das Rätsel des Tages mithilfe aller Informationen aus dem Buch und der interaktiven Tools, die Sie finden. Nutzen Sie Ihre Kreativität und geben Sie nicht auf!
- Schritt für Schritt: Erst wenn Sie ein Rätsel gelöst haben, können Sie mit dem nächsten fortfahren und sich der nächsten Herausforderung stellen.
- Nichts ist, wie es scheint: Manche Objekte oder Hinweise, die du findest, werden erst später im Abenteuer vollständig enthüllt. Vergiss sie nicht! Obwohl du sie nur einmal verwenden kannst, sind sie der Schlüssel zu deinem Fortschritt.
- Um das interaktive Erlebnis dieses Buches in vollem Umfang genießen zu können, benötigen Sie ein Smartphone mit Internetverbindung. So haben Sie Zugriff auf zusätzliche digitale Inhalte wie Minispiele, Hinweise und Rätsel, die jedes Rätsel ergänzen und Ihnen helfen, in Ihrem Abenteuer voranzukommen.

RÄTSEL
ADVENTSKALENDER
SCHAFFEN SIE ES, WEIHNACHTEN ZU RETTEN?

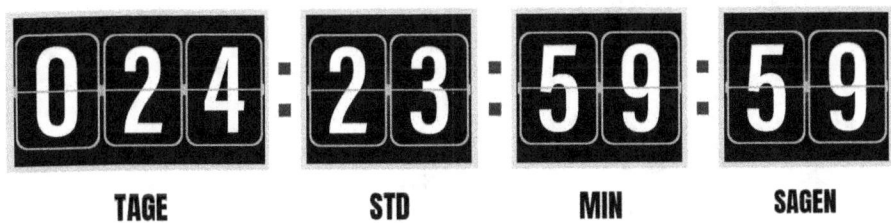

024	23	59	59
TAGE	STD	MIN	SAGEN

ESCAPE ROOM

THOMAS LAWRANCE

Originaltitel: Rätsel Adventskalender – Escape Room Book
©2024, Cactus Editorial, ein Imprint von Amazon KDP
ISBN: 9798344573854 (Taschenbuch)
ISBN: 9798344728926 (Gebundenes Buch)
Impressum: Unabhängig veröffentlicht
Autor: Thomas Lawrance

Alle Rechte vorbehalten. Kein Teil dieses Buches darf ohne vorherige schriftliche Genehmigung des Verlags ganz oder teilweise reproduziert, in ein Computersystem integriert oder in irgendeiner Form oder auf irgendeine Weise übertragen werden, sei es elektronisch, mechanisch, durch Fotokopie, Aufzeichnung oder andere Methoden.

Während Ihrer Reise werden Sie möglicherweise auf Momente stoßen, in denen Sie im Internet recherchieren müssen. Die Informationen, die Sie online finden, könnten das fehlende Puzzleteil sein, das Sie zum nächsten Level führt. Zögern Sie also nicht, über die Seiten dieses Buches hinaus zu recherchieren und zu erkunden.

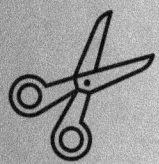

Achten Sie besonders auf die Bilder, die Ihnen unterwegs begegnen. Wenn Sie ein Bild einer Schere entdecken, ist dies ein klarer Hinweis darauf, dass Sie etwas entlang der gepunkteten Linie schneiden müssen. Diese einfache, aber entscheidende Aktion kann versteckte Hinweise oder wichtige Elemente enthüllen, um die Rätsel zu lösen, die Ihnen im Weg stehen.

Zusätzlich findest du in jedem Kapitel QR-Codes. Scanne diese mit deinem Smartphone. Über diese QR-Codes erhältst du Zusatzinformationen, visuelle Hinweise oder auch interaktive Herausforderungen, die dein Leseerlebnis ergänzen.

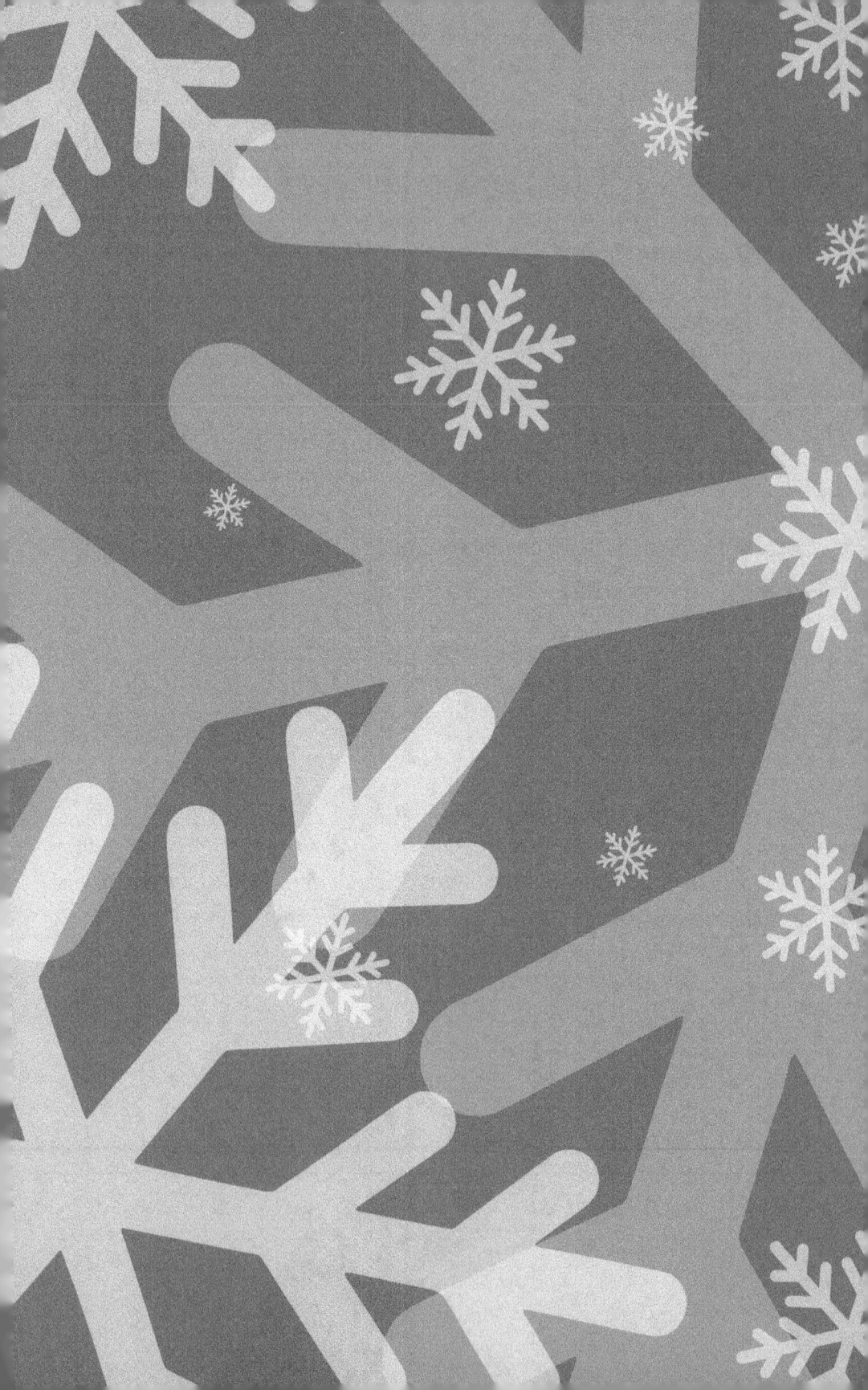

Ihre Meinung ist uns sehr wichtig:

Der Weihnachtsmann fordert den Elfenchef immer wieder heraus. Er stellt ihm ständig Tests und Rätsel. Das heutige Rätsel erweist sich als schwierig, und wenn Sie möchten, können Sie dem Weihnachtsmann helfen, es zu lösen.

Treten Sie ein und finden Sie es heraus

HINWEIS: Dieses Rätsel ist optional. Die Geschichte beginnt auf der nächsten Seite, aber Sie haben keine Lust, das erste Rätsel zu entschlüsseln? Es ist Ihre Entscheidung, ob Sie mitmachen oder nicht!

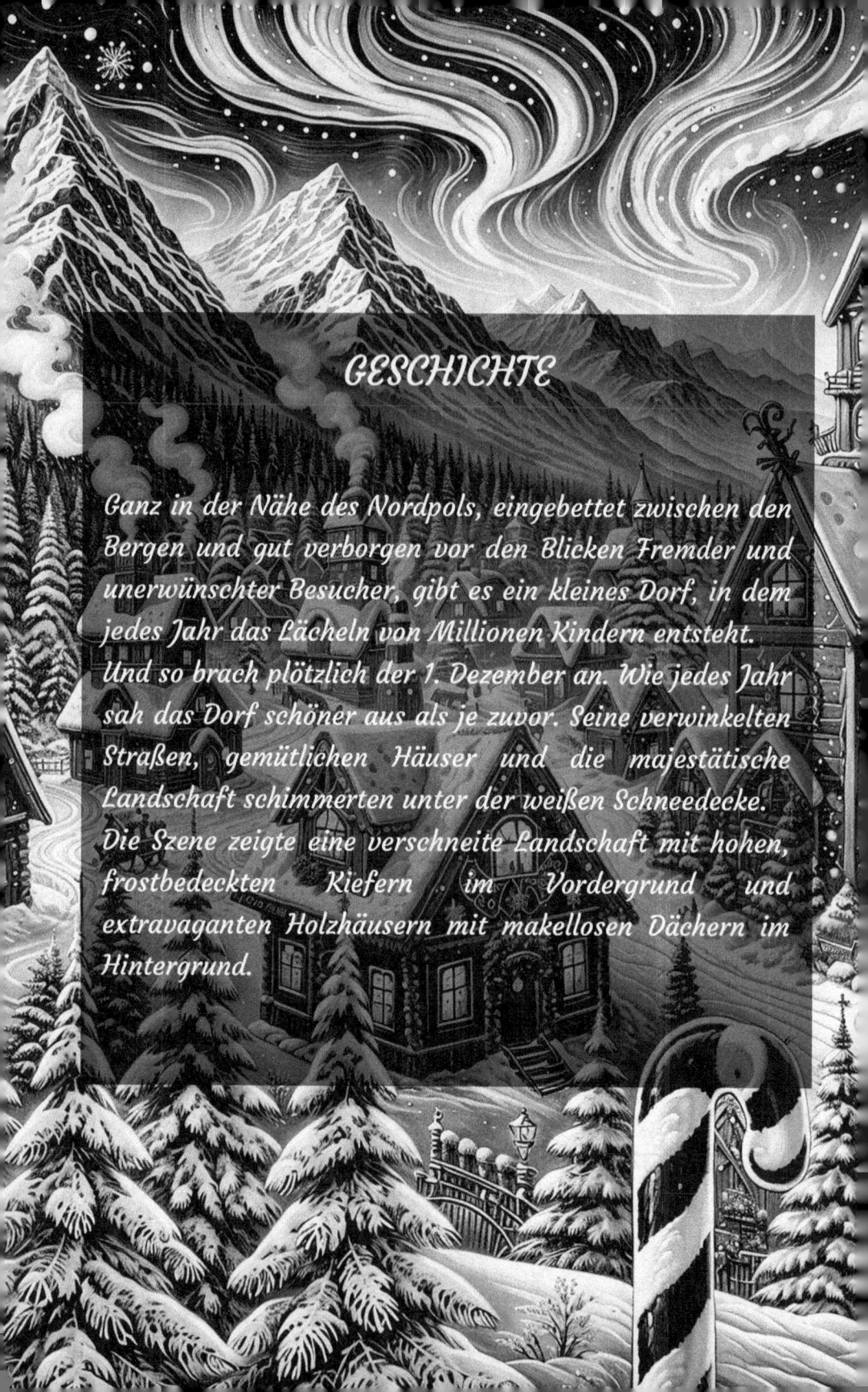

GESCHICHTE

Ganz in der Nähe des Nordpols, eingebettet zwischen den Bergen und gut verborgen vor den Blicken Fremder und unerwünschter Besucher, gibt es ein kleines Dorf, in dem jedes Jahr das Lächeln von Millionen Kindern entsteht.

Und so brach plötzlich der 1. Dezember an. Wie jedes Jahr sah das Dorf schöner aus als je zuvor. Seine verwinkelten Straßen, gemütlichen Häuser und die majestätische Landschaft schimmerten unter der weißen Schneedecke.

Die Szene zeigte eine verschneite Landschaft mit hohen, frostbedeckten Kiefern im Vordergrund und extravaganten Holzhäusern mit makellosen Dächern im Hintergrund.

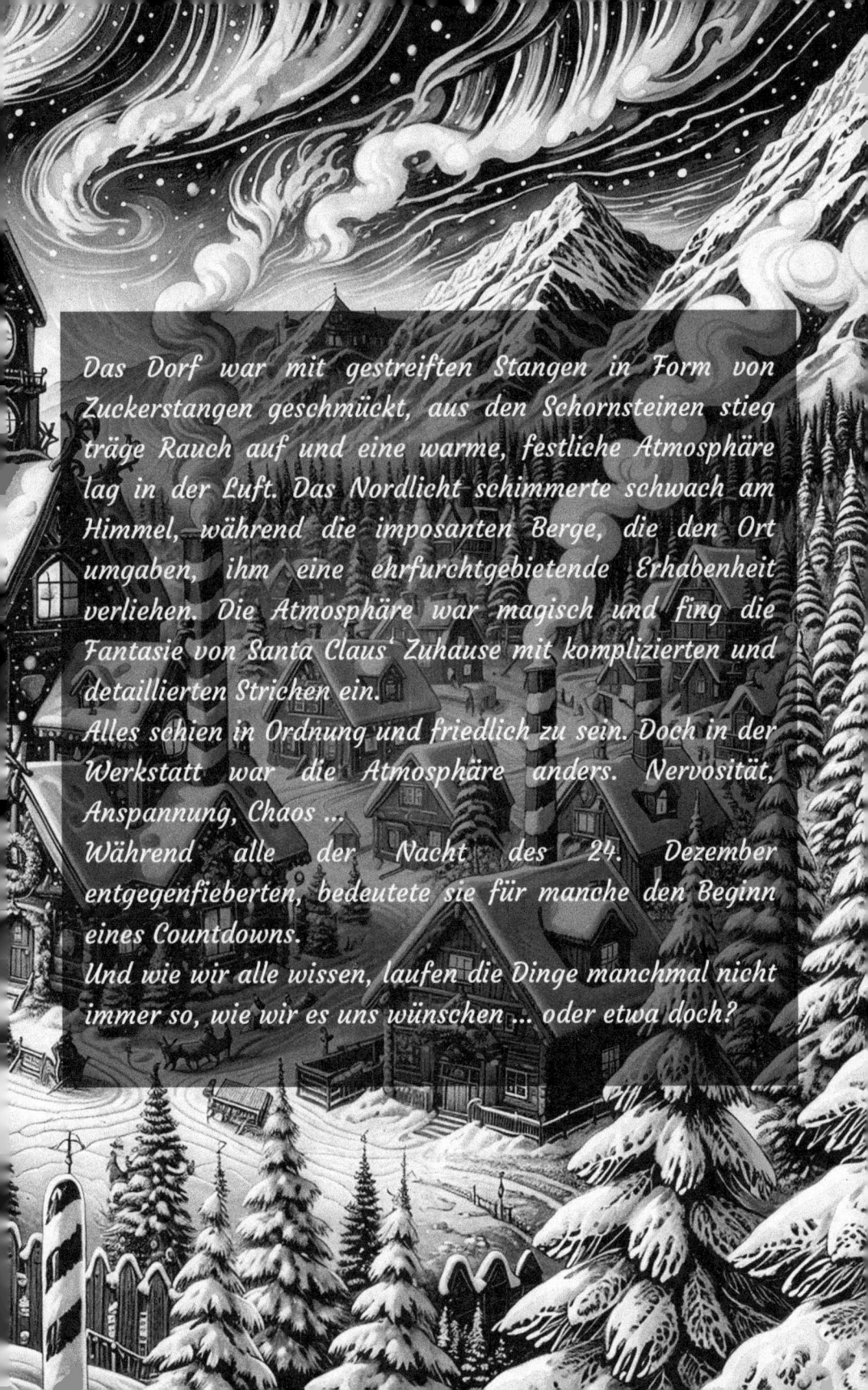

Das Dorf war mit gestreiften Stangen in Form von Zuckerstangen geschmückt, aus den Schornsteinen stieg träge Rauch auf und eine warme, festliche Atmosphäre lag in der Luft. Das Nordlicht schimmerte schwach am Himmel, während die imposanten Berge, die den Ort umgaben, ihm eine ehrfurchtgebietende Erhabenheit verliehen. Die Atmosphäre war magisch und fing die Fantasie von Santa Claus' Zuhause mit komplizierten und detaillierten Strichen ein.

Alles schien in Ordnung und friedlich zu sein. Doch in der Werkstatt war die Atmosphäre anders. Nervosität, Anspannung, Chaos ...

Während alle der Nacht des 24. Dezember entgegenfieberten, bedeutete sie für manche den Beginn eines Countdowns.

Und wie wir alle wissen, laufen die Dinge manchmal nicht immer so, wie wir es uns wünschen ... oder etwa doch?

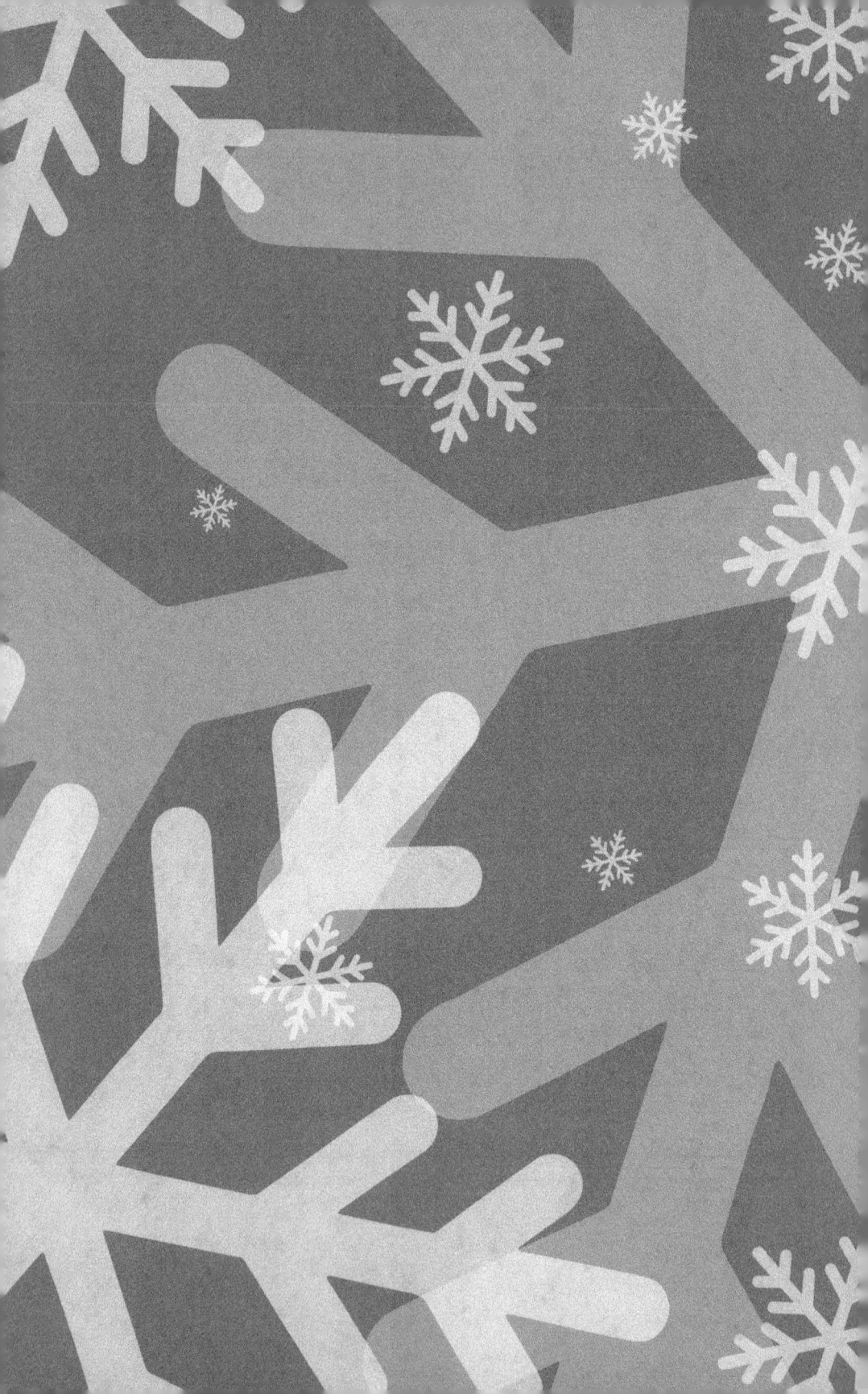

Kapitel 1

Ein Krachen hallte durch das ganze Dorf und durchbrach die Stille des verschneiten Morgens. Vögel flohen erschrocken davon und das Echo des Geräusches schien zwischen den umliegenden Bergen zu verweilen. Die Fenster der extravaganten Holzhäuser öffneten sich weit und die Bewohner, in bunte Mäntel und Schals gekleidet, kamen eilig auf die mit Zuckerstangenpfosten geschmückten Straßen.

Alle machten sich auf den Weg zum Bahnhof, wo sich der Absturz ereignet haben musste. Die Landschaft, die einst Frieden und Magie ausstrahlte, schien nun in einen Schatten der Ungewissheit gehüllt. Die Kinder, die beim Schneemannbauen spielten, ließen von ihren Aufgaben ab und schlossen sich der Menge an. Ihre Augen glänzten vor einer Mischung aus Angst und Neugier.

Als sie am Bahnhof ankamen, verschlug ihnen der Anblick den Atem. Der Polarexpress, der legendäre Zug, lag entgleist neben den Gleisen. Die in festlichen Farben bemalten und mit Girlanden geschmückten Waggons standen gefährlich schief. Rauch zischte scharf aus der Lokomotive und Funken sprühten aus den noch immer rauchenden Rädern.

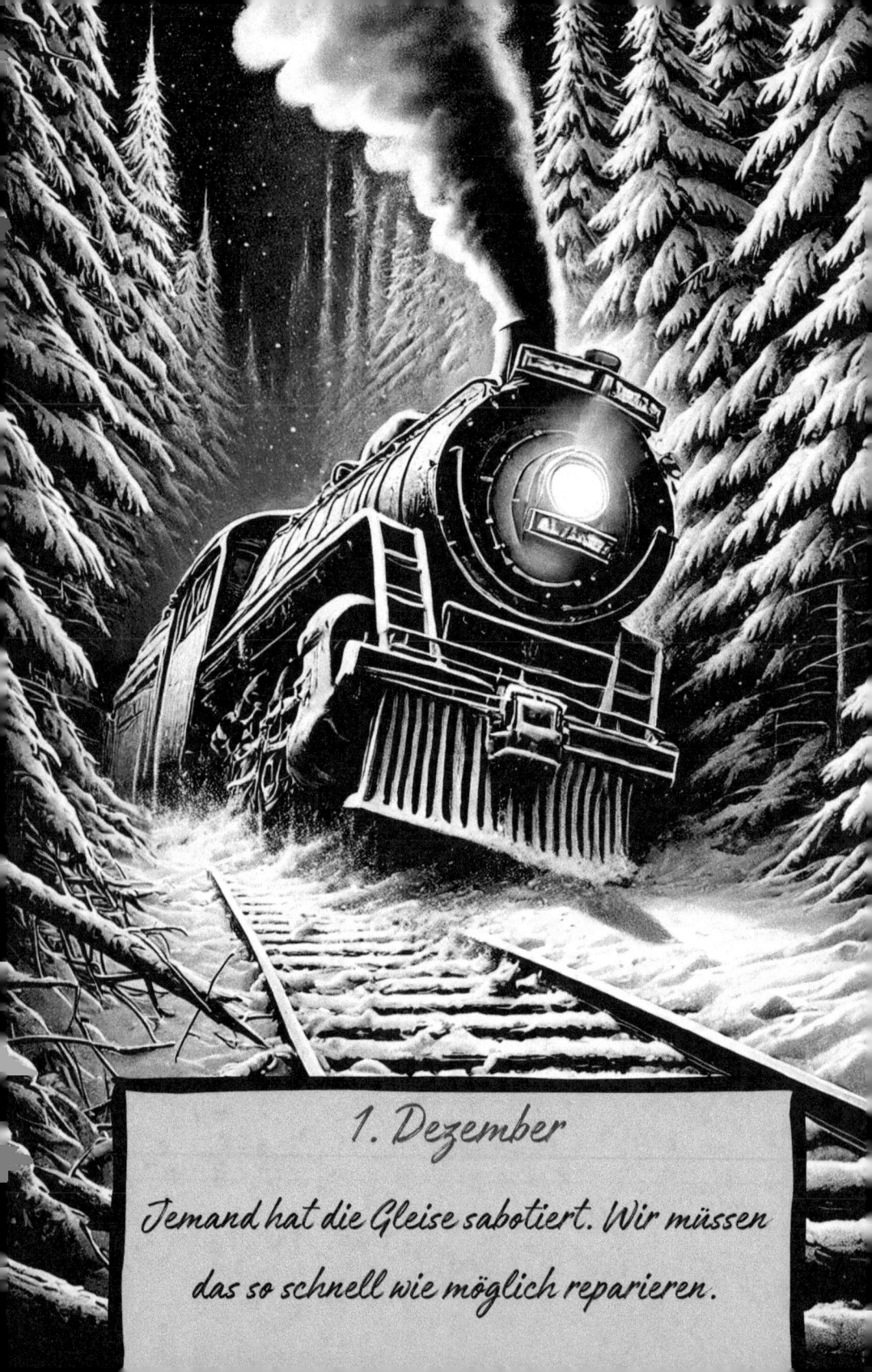

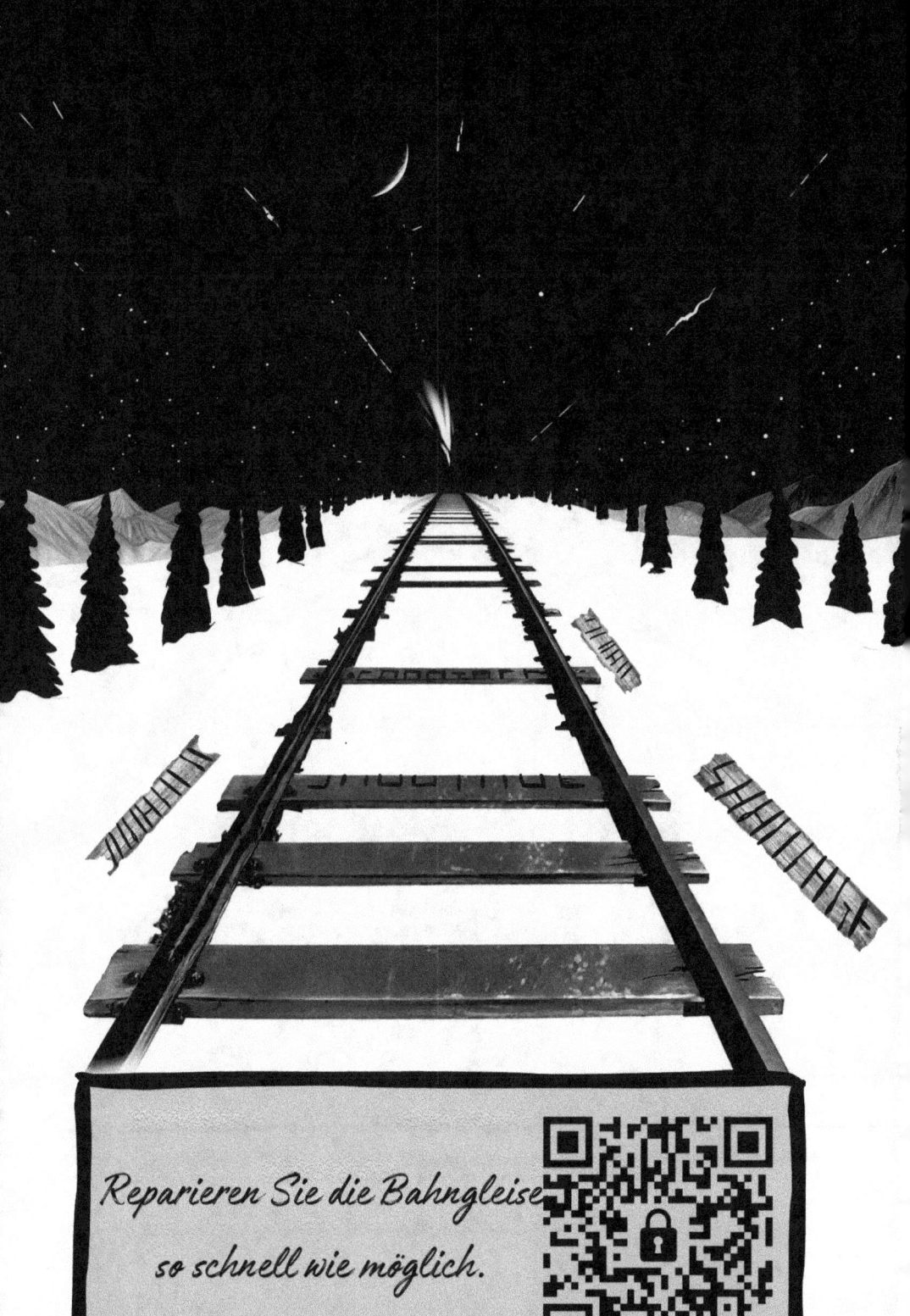

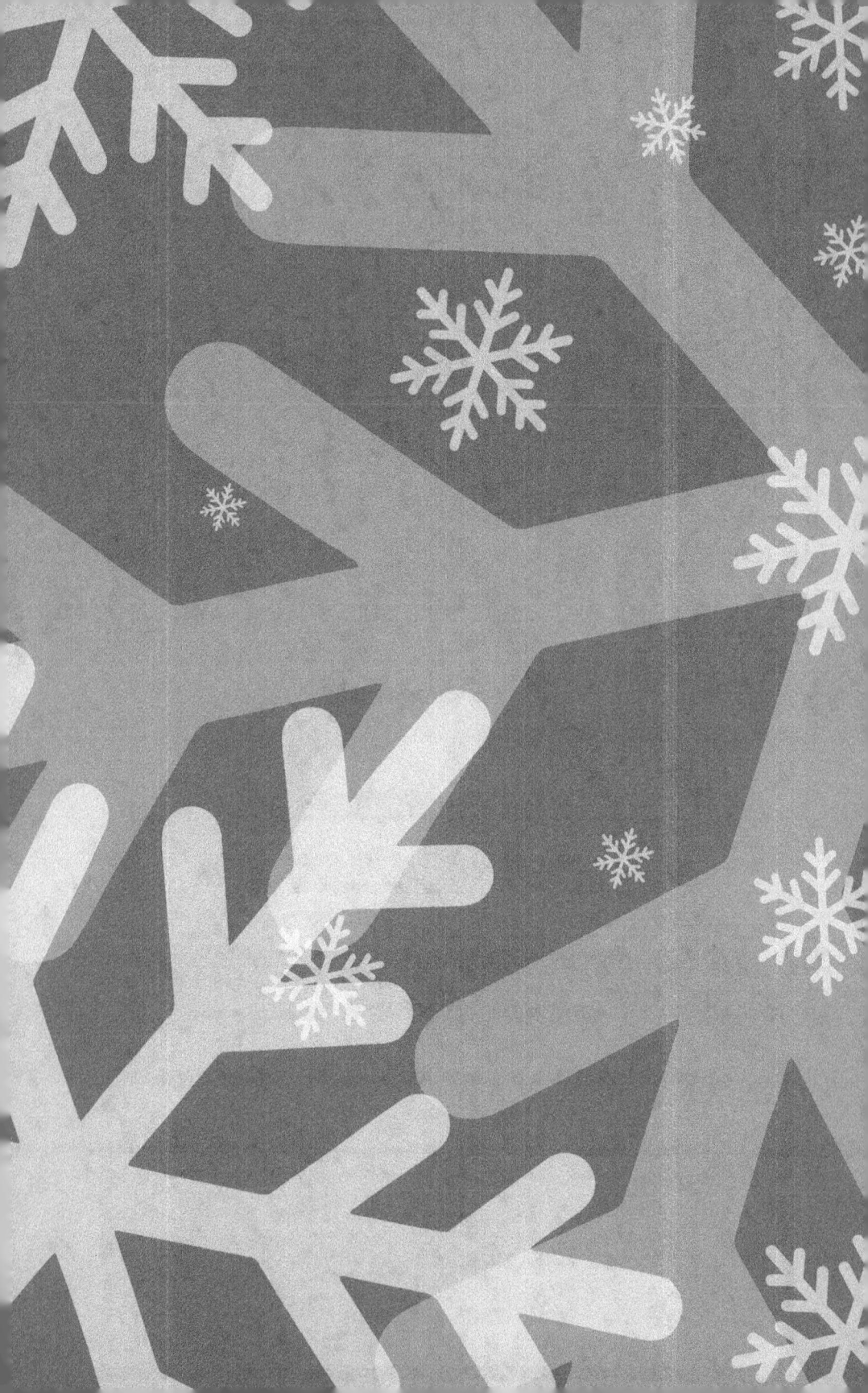

Kapitel 2

Nachdem die Gleise endlich repariert waren, stand der Polarexpress, trotz der jüngsten Ereignisse strahlend und majestätisch, bereit, seine magische Reise um die Welt fortzusetzen. Doch bevor der Zug losfahren konnte, war noch ein entscheidender Schritt nötig. Man musste auf das Kontrollzentrum zugreifen, um den Mechanismus zu aktivieren, der es dem Polarexpress ermöglichen würde, seine Fahrt fortzusetzen. Dieses Kontrollzentrum, das sich in einem alten und geschützten Teil des Bahnhofs befand, war das technologische Herzstück, das die Magie des Zuges mit den Sternen und den Wünschen der Kinder auf der ganzen Welt synchronisierte.

Als wir die imposante schmiedeeiserne Tür erreichten, die mit Weihnachtsdekorationen und einem Seitenfeld geschmückt war, befand sich in der Nähe ein altes Tastenfeld. Als wir das Passwort in das Seitenfeld eingaben, passierte etwas Seltsames. Das Passwort war nicht korrekt. Die Wörter, die vorher funktionierten, funktionierten nicht mehr. Das Passwort war manipuliert worden, und die Tür öffnete sich nicht mehr, wenn man das Passwort eingab, mit dem sie vorher aufgeschlossen worden war.

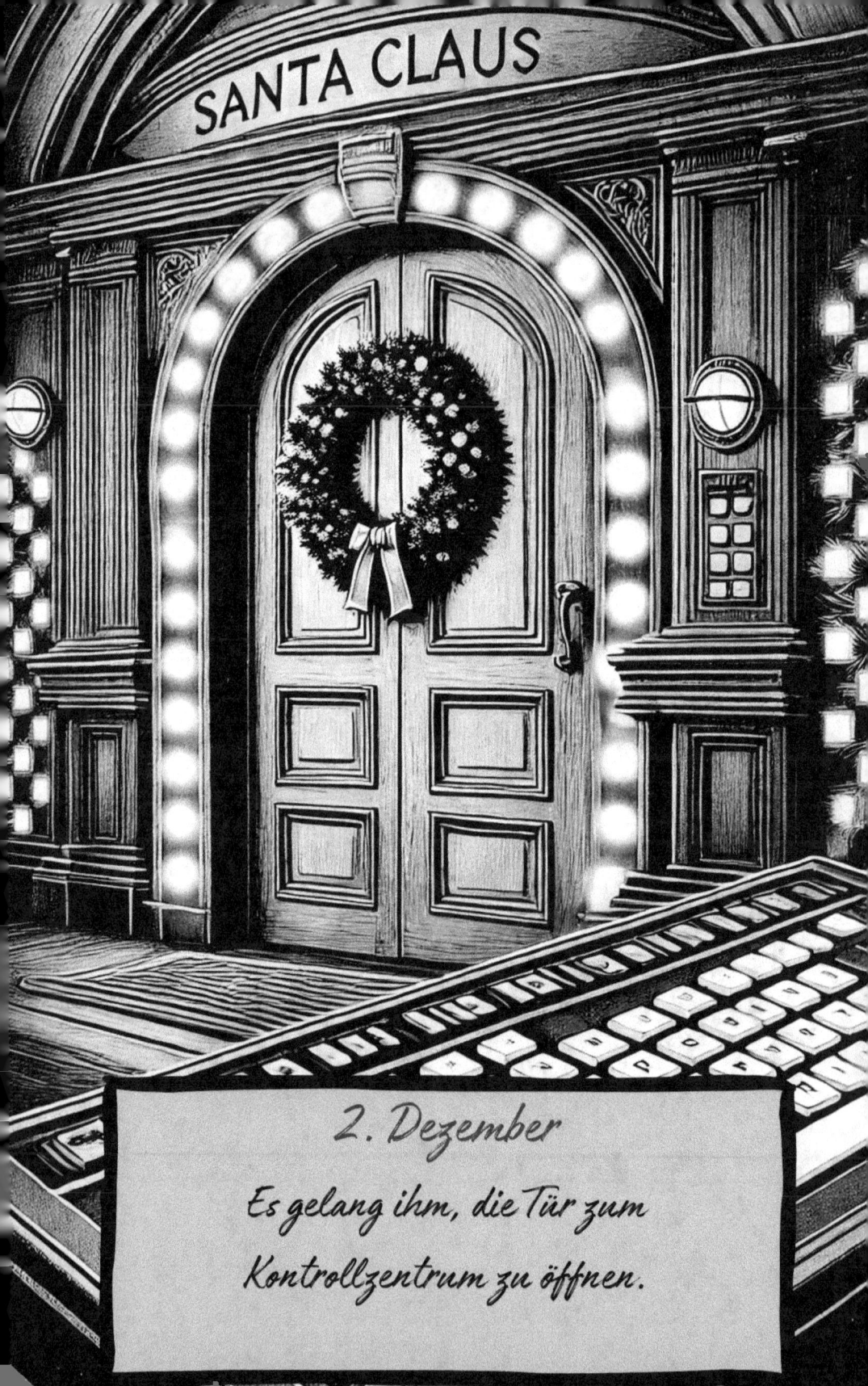

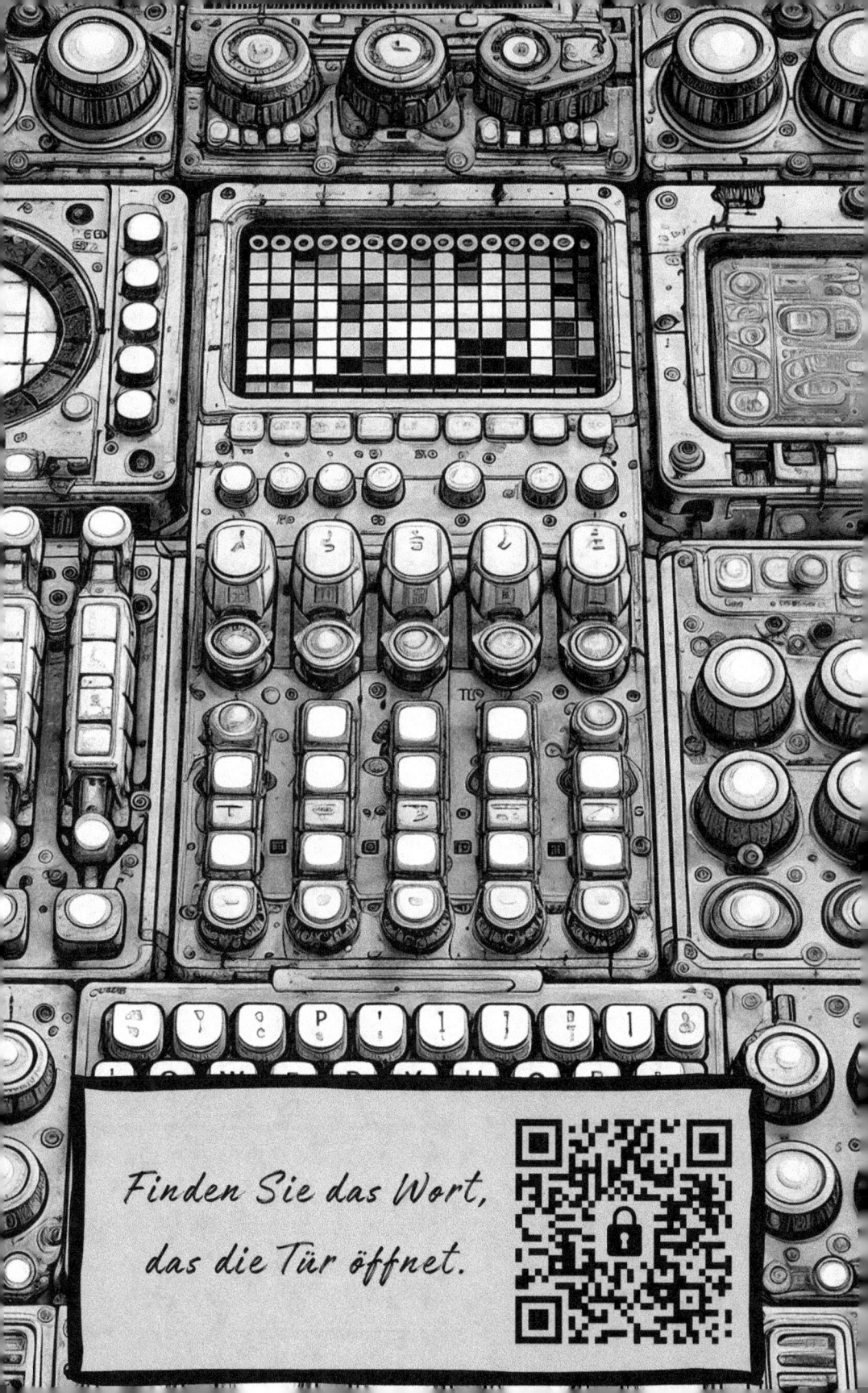

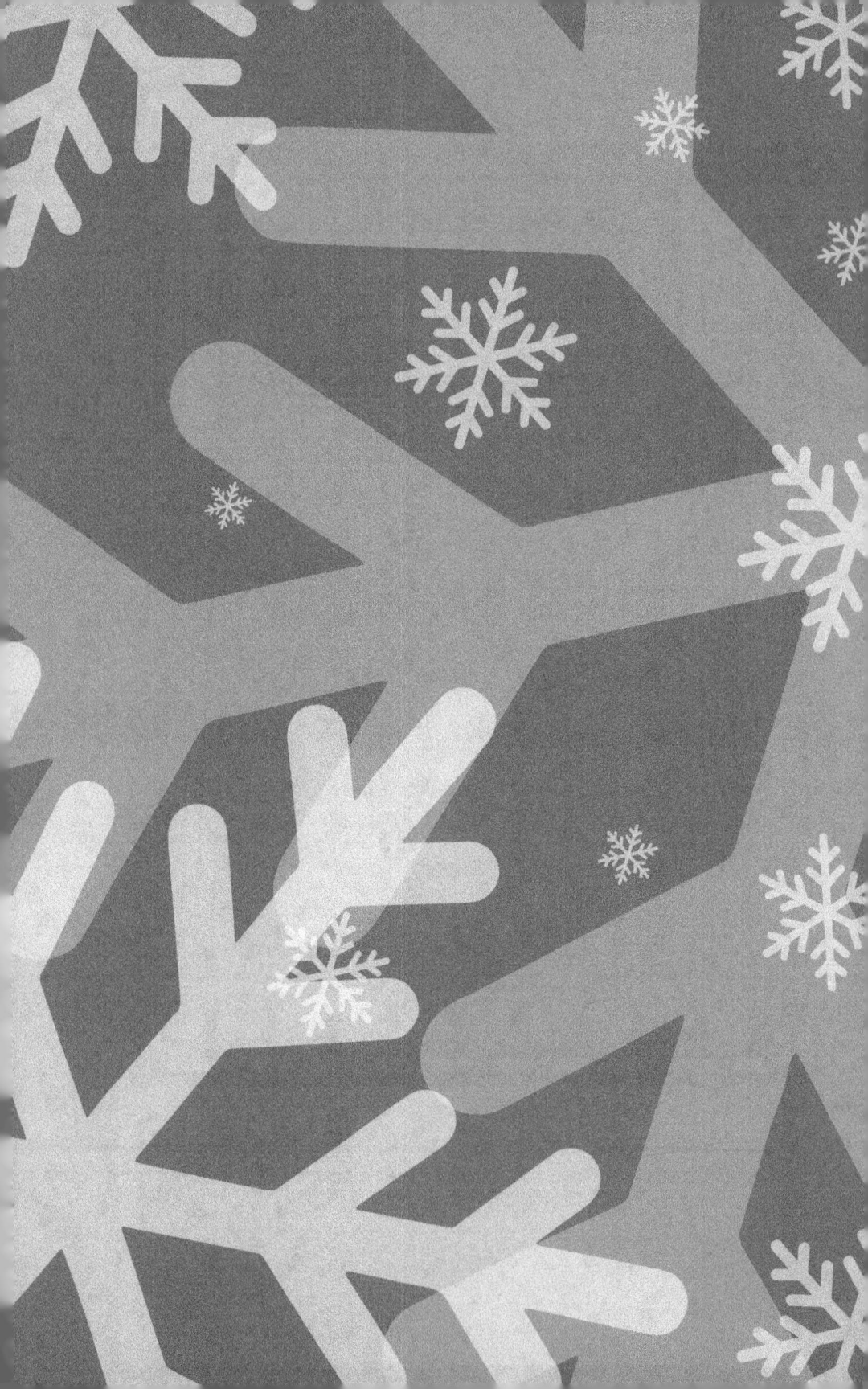

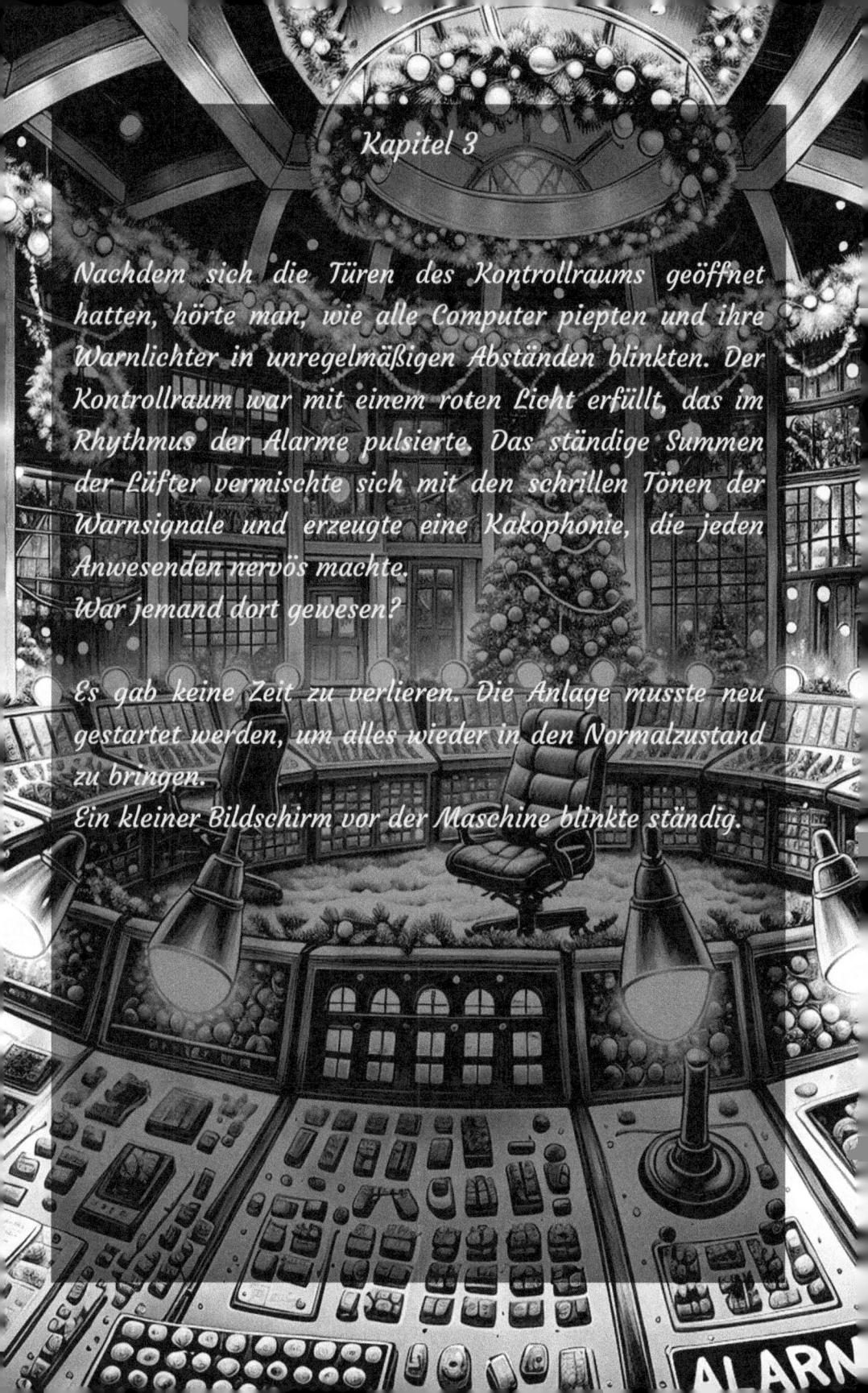

Kapitel 3

Nachdem sich die Türen des Kontrollraums geöffnet hatten, hörte man, wie alle Computer piepten und ihre Warnlichter in unregelmäßigen Abständen blinkten. Der Kontrollraum war mit einem roten Licht erfüllt, das im Rhythmus der Alarme pulsierte. Das ständige Summen der Lüfter vermischte sich mit den schrillen Tönen der Warnsignale und erzeugte eine Kakophonie, die jeden Anwesenden nervös machte.
War jemand dort gewesen?

Es gab keine Zeit zu verlieren. Die Anlage musste neu gestartet werden, um alles wieder in den Normalzustand zu bringen.
Ein kleiner Bildschirm vor der Maschine blinkte ständig.

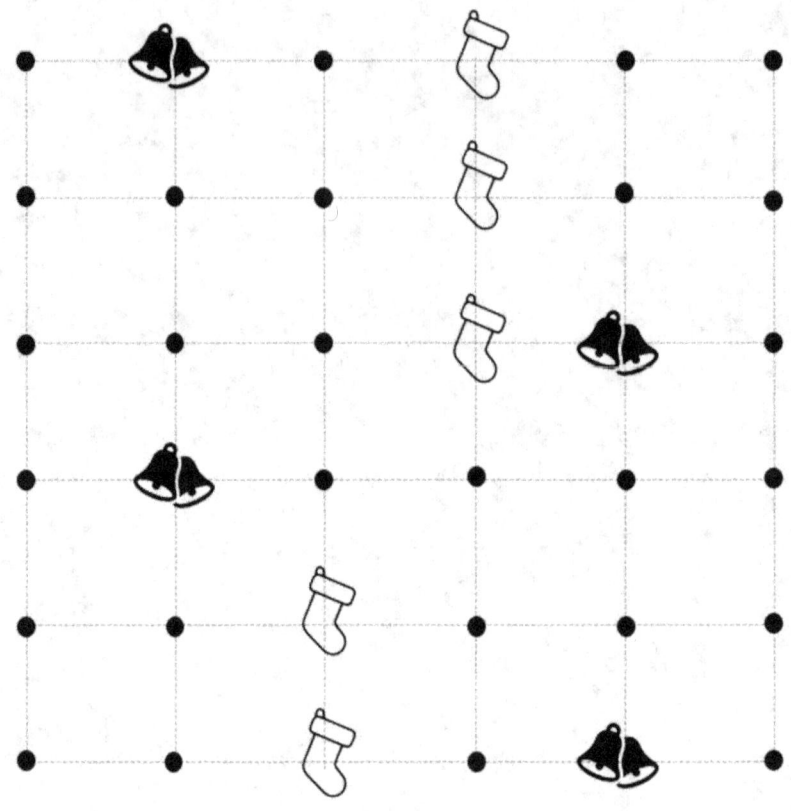

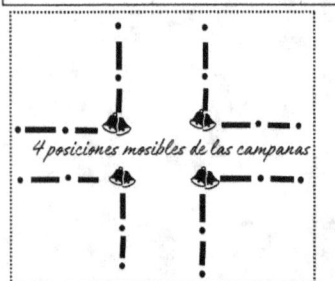

4 posiciones posibles de las campanas

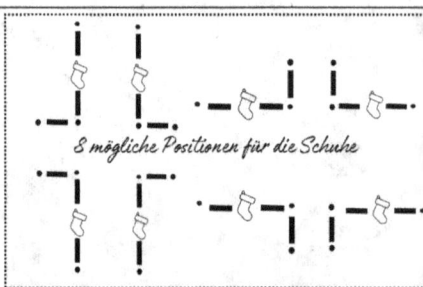

8 mögliche Positionen für die Schuhe

3. Dezember

Sie müssen Linien zwischen den Punkten ziehen, um einen einzigen Kreis ohne Kreuzungen oder Abzweigungen zu bilden. Der Kreis muss durch alle Symbole, Glocken und Strümpfe verlaufen, und zwar so, dass:

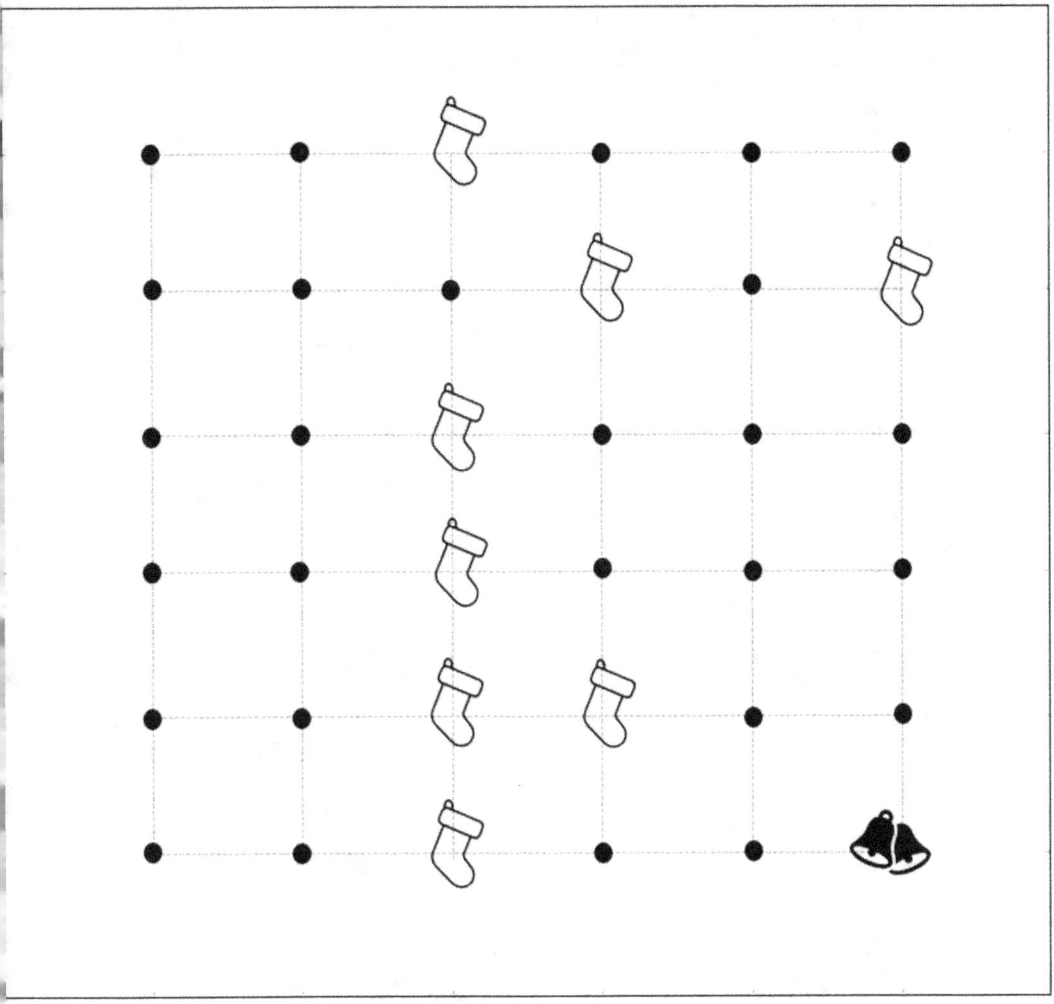

- Die Strümpfe müssen von einer geraden Linie gekreuzt werden, die Linie muss jedoch in der vorherigen und/oder nächsten Zelle eine Wendung nehmen.

- An den Glocken muss der Rundkurs wenden und in der vorherigen und nächsten Zelle geradeaus weiterlaufen.

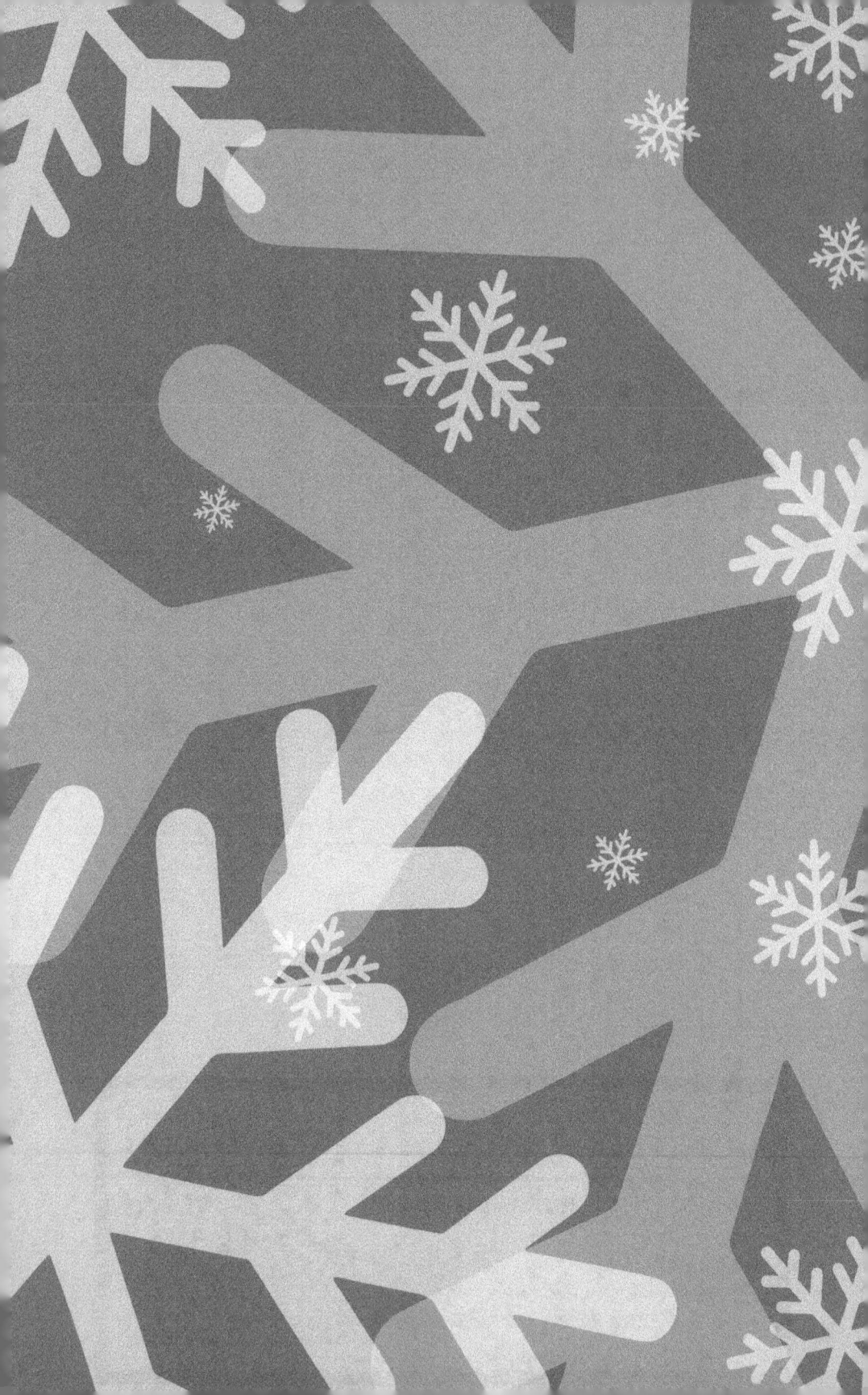

Kapitel 4

Der Weihnachtsmann, der nichts von all dem mitbekam, was in der Nacht passiert war, erwachte an diesem Morgen voller Energie und guter Laune. Die ersten Sonnenstrahlen fielen durch die Vorhänge seines geräumigen Zimmers und beleuchteten die Gegenstände darin sanft: ein Bücherregal voller alter Bücher, Bilder vergangener Weihnachten und eine Sammlung von Zuckerstangen, die er laut Frau Claus für besondere Anlässe aufbewahren sollte.

Er streckte sich langsam und genoss das Knarren der Holzdielen unter seinen nackten Füßen, während er zum Fenster ging. Als er die Vorhänge beiseite zog, entfaltete sich vor ihm ein beeindruckender Blick auf das Dorf. In der Nacht war reichlich Schnee gefallen, der die Dächer und Straßen mit einer strahlend weißen Decke bedeckte. Die Kiefern rund um das Dorf waren natürlich mit Eiszapfen und Schneeflocken geschmückt und schufen eine Szene wie aus einer Weihnachtspostkarte.

Als er sein Zimmer verließ und durch die Flure des Hauses ging, überkam ihn ein seltsames Gefühl. Die Stille war etwas tiefer als sonst. Aber er beschloss, nicht weiter darüber nachzudenken und setzte seinen Weg zur großen Halle fort.

Als er die Haupthalle erreichte, blieb er in der Tür stehen. Irgendetwas stimmte nicht. Auf den ersten Blick schien alles in Ordnung: Die langen Tische waren gedeckt, die Kronleuchter hingen von der Decke und die Weihnachtsdekoration schmückte jede Ecke. Doch es gab subtile Details, die seiner scharfen Wahrnehmung nicht entgingen.

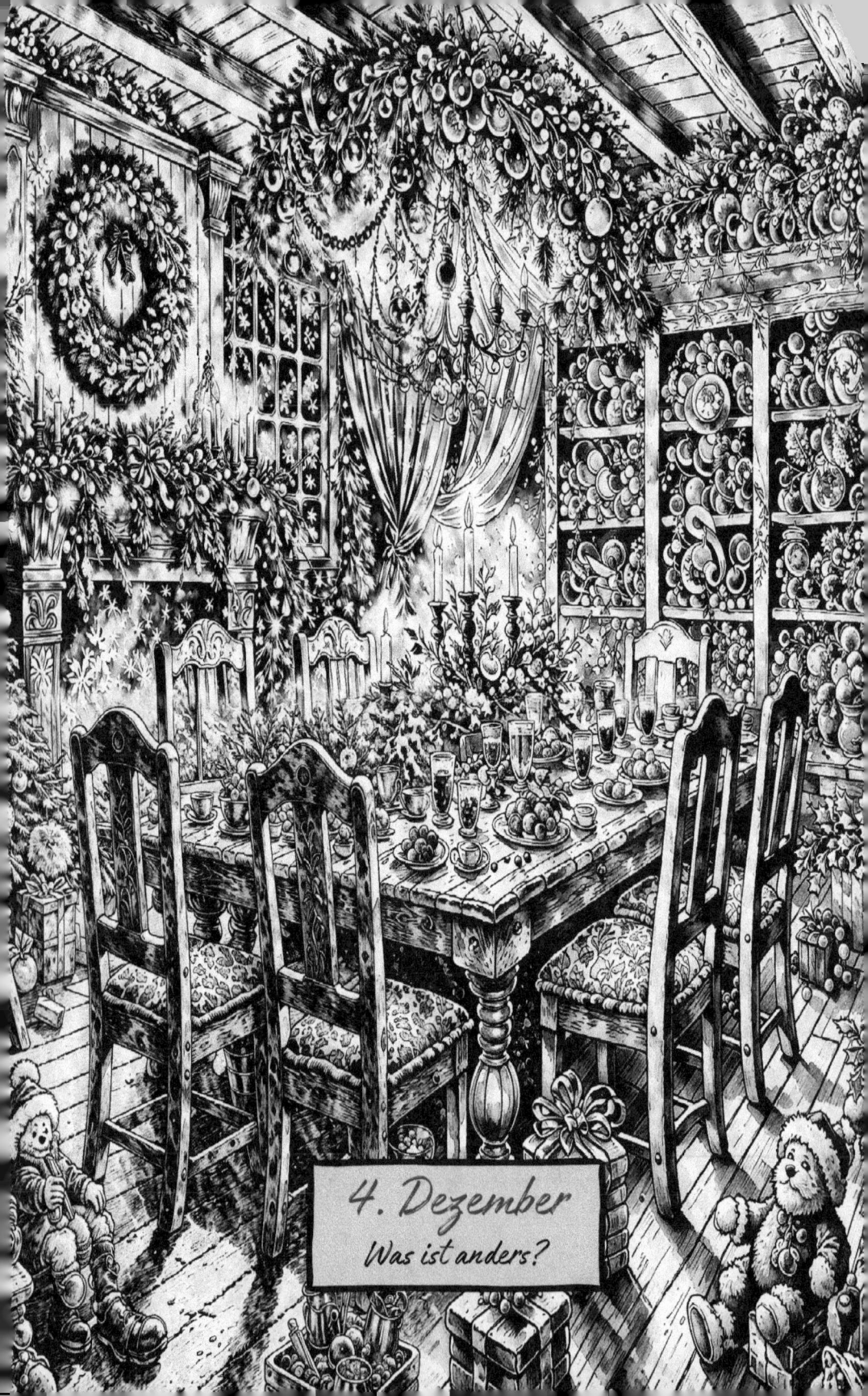

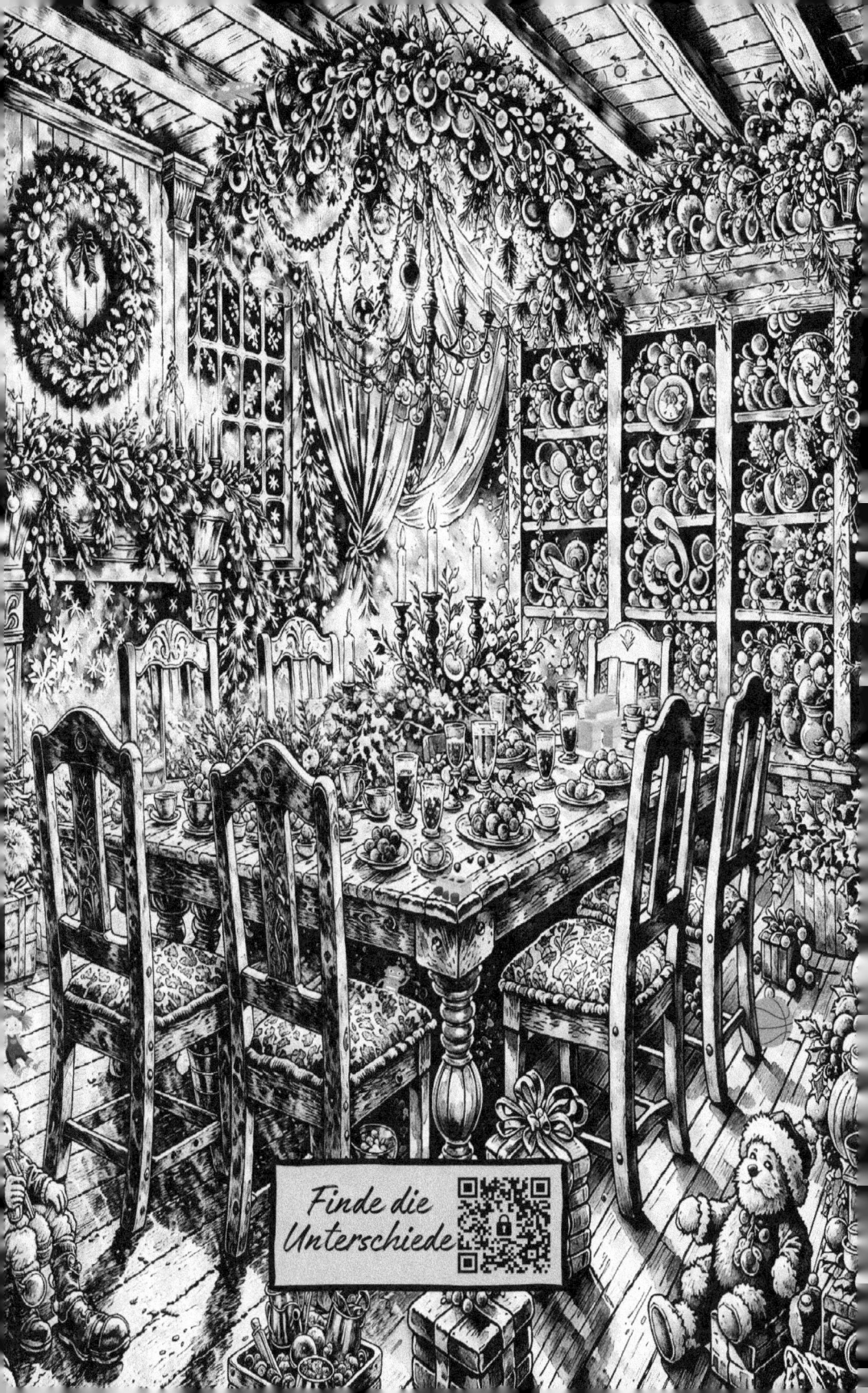

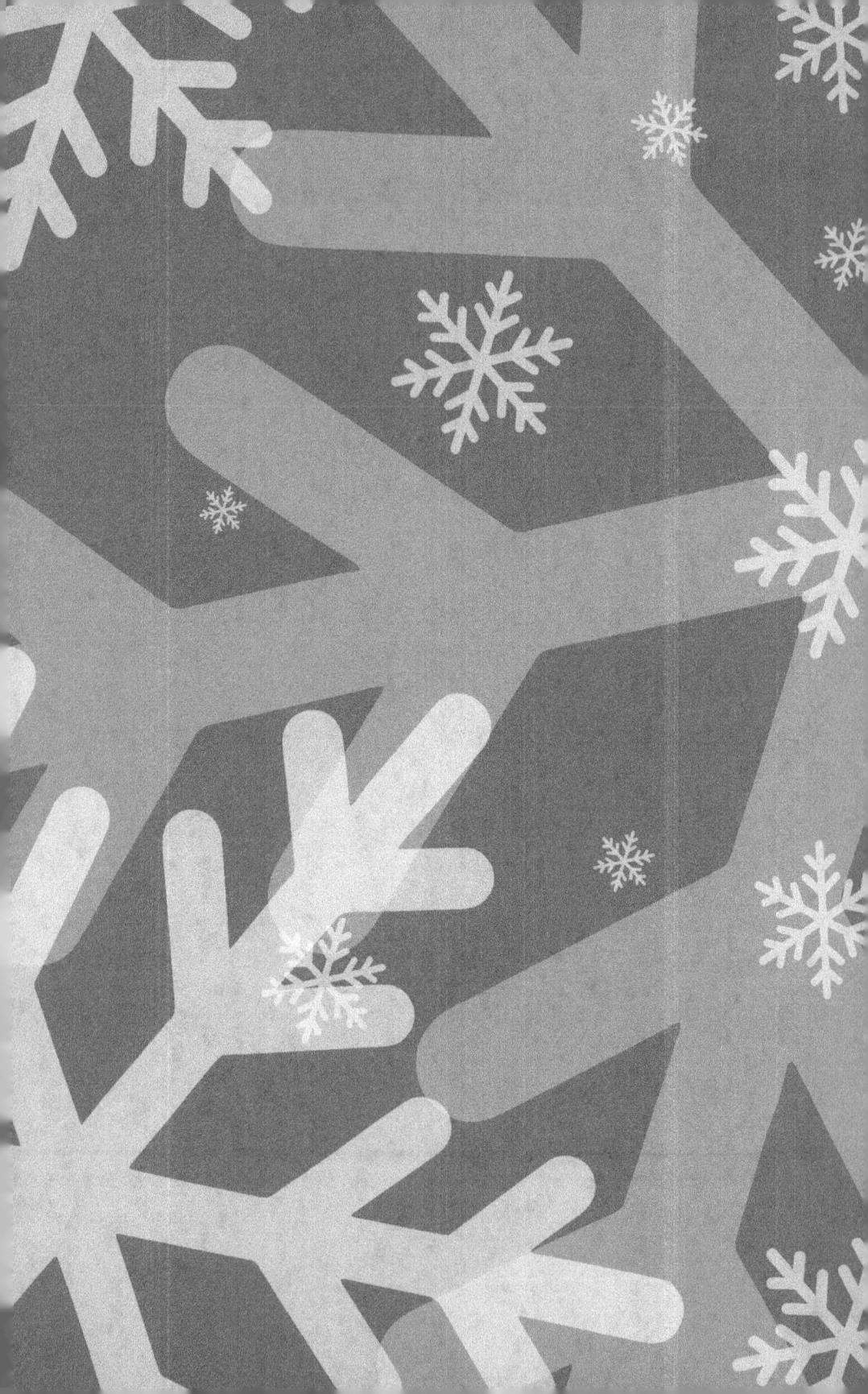

Kapitel 5

Als er bemerkte, dass die Spielzeuge verschwunden waren, machte sich in Santas Herz tiefe Sorge breit. Irgendetwas stimmte ganz und gar nicht und die Zeit lief ihm davon. Ohne eine Sekunde zu verlieren, machte er sich auf den Weg in die Werkstatt, um das Problem zu beheben.

Der Weg zur Werkstatt war mit einer weichen Schneeschicht bedeckt, die unter seinen schweren Stiefeln knirschte. Die kalte Morgenluft strich ihm über die Wangen, aber der Weihnachtsmann bemerkte es kaum; sein Verstand war darauf konzentriert, herauszufinden, was passiert war. Während er ging, bemerkte er, dass die Lichter in der Werkstatt bereits an waren und eine Kakophonie aus Stimmen und mechanischen Geräuschen durch die Wände drang.

Als er sich der großen geschnitzten Holztür der Werkstatt näherte, hörte er ein Gemurmel aufgeregter Stimmen. Es war ungewöhnlich, dass die Elfen so früh am Tag so aufgeregt waren. Es musste etwas wirklich Ernstes passieren.

Als er die Werkstatt betrat, wurde er von einem Bild organisierten Chaos begrüßt. Die Elfen liefen hin und her, konsultierten Pläne, stellten Werkzeuge ein und untersuchten mit frustriertem Gesichtsausdruck Maschinen. Die wichtigste Spielzeugmaschine, der Stolz der Werkstatt und das Herz der Weihnachtsproduktion, war von einer Gruppe Elfen umringt, die gestikulierten und hitzig diskutierten.

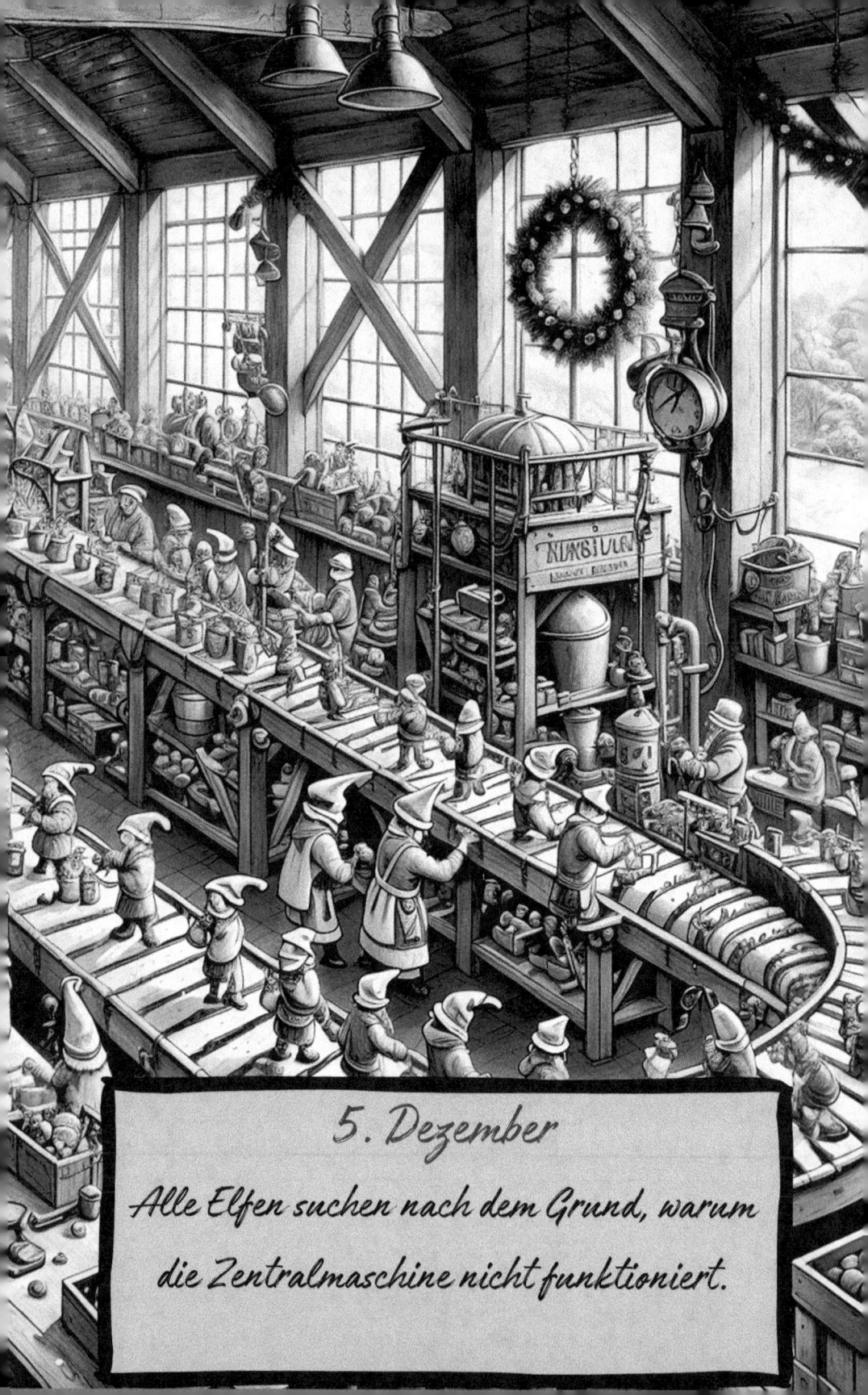

5. Dezember

Alle Elfen suchen nach dem Grund, warum die Zentralmaschine nicht funktioniert.

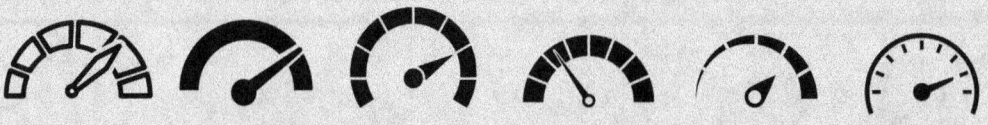

6	9	25	19	606	909
TRÄGHEIT	SKEPSIS	SPASS	SPIELSPIEL	STRESS	ENERGIE

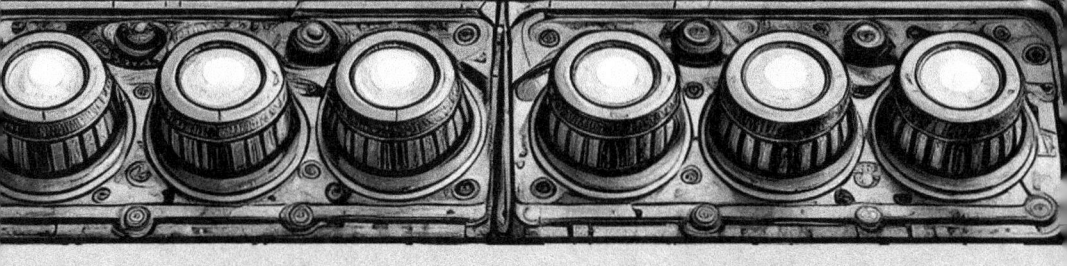

Es gibt ein Objekt und eine Schaltfläche, die nicht korrekt sind. Aber welche sind das?

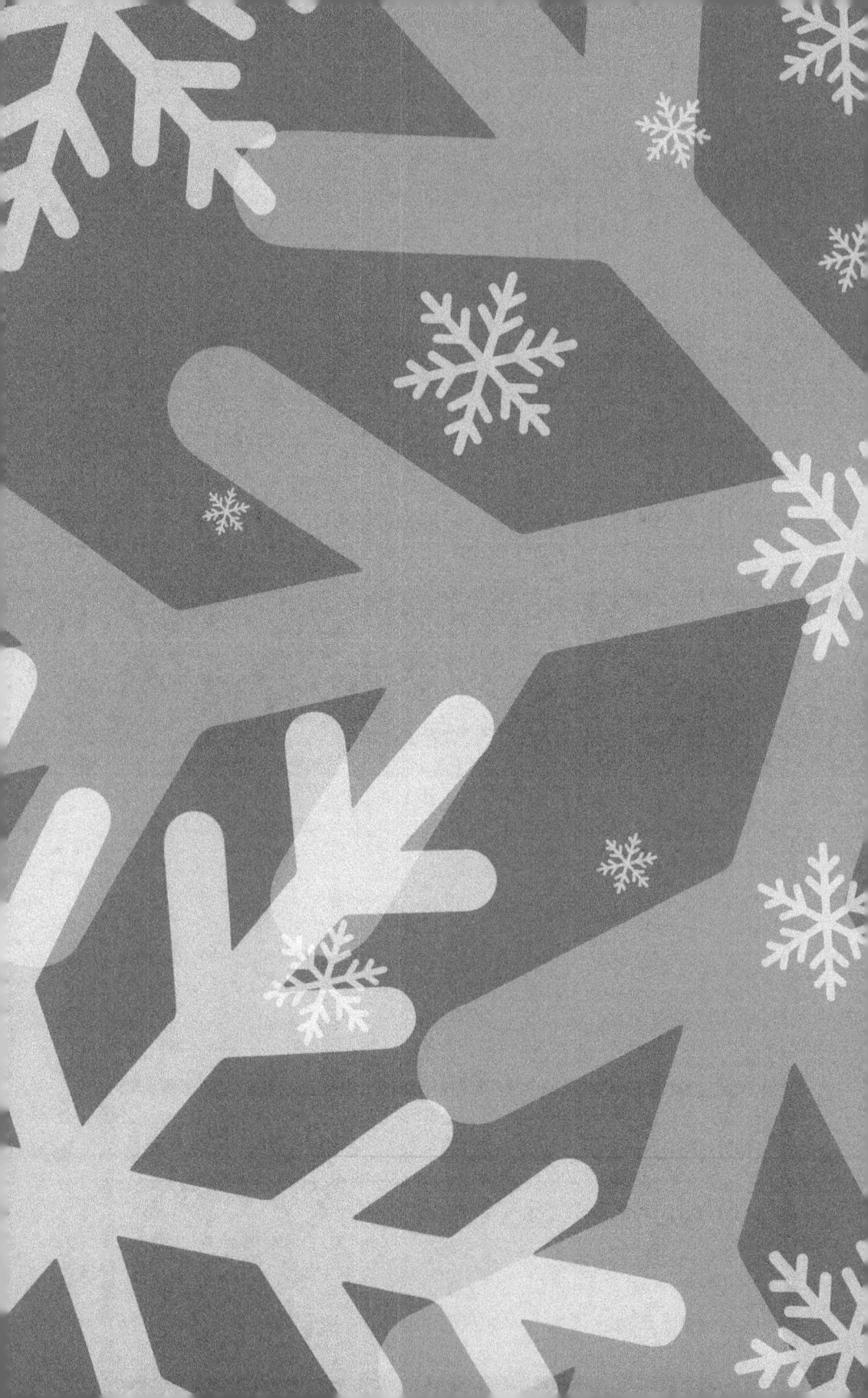

Kapitel 6

Nachdem die Hälfte der Arbeit bereits erledigt war, empfand das Team eine Mischung aus Erleichterung und Vorfreude. Sie hatten es geschafft, sowohl den defekten Knopf als auch die Anzeige an der großen Spielzeugmaschine zu reparieren. Die Werkstatt war wieder erfüllt vom leisen Summen der Zahnräder und dem Duft von frisch geschnitztem Holz. Die Elfen gingen hin und her, ordneten Werkzeuge und bereiteten Materialien vor, um die Produktion wieder aufzunehmen.

Es war Zeit, die Motoren der Maschine zu starten.

Die Elfen tauschten nervöse Blicke. An diesem entscheidenden Punkt tauchte immer das gleiche Problem auf:

Wo war die richtige Startkombination?

Glücklicherweise hatte man neben dem Initiationsbereich die Richtlinien aus früheren Zeiten belassen.

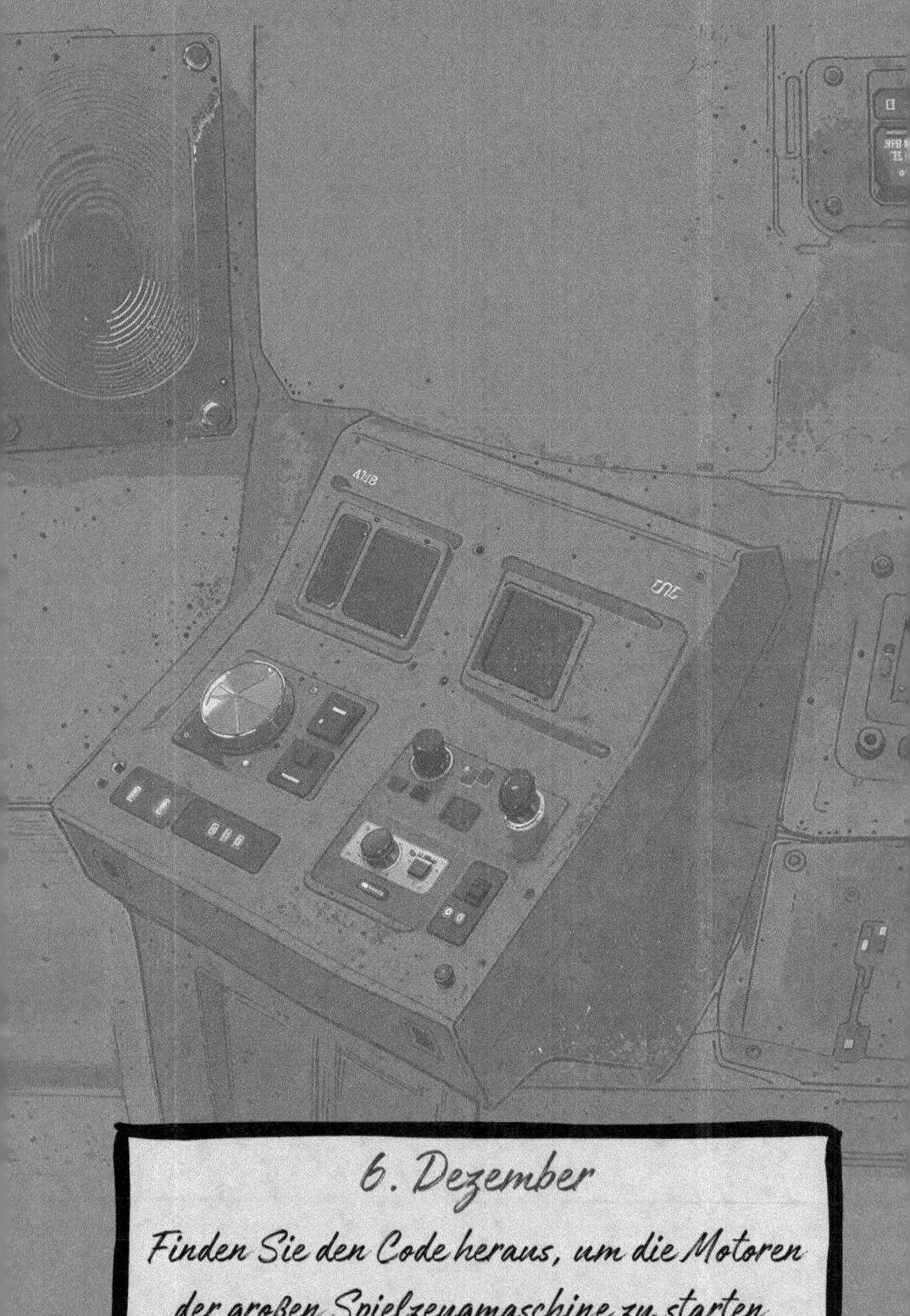

6. Dezember

Finden Sie den Code heraus, um die Motoren der großen Spielzeugmaschine zu starten.

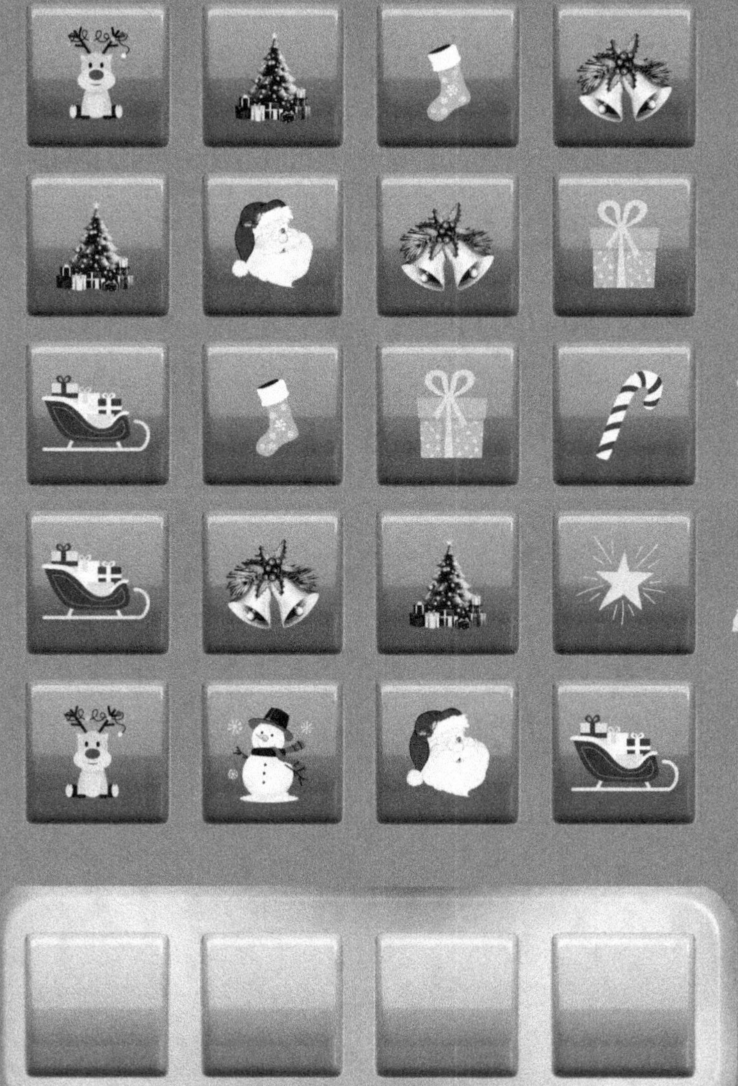

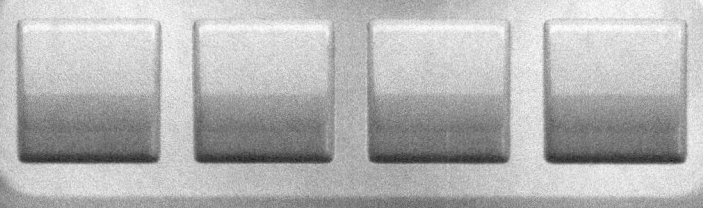

Entschlüsseln Sie die 4 Symbole und ihre Reihenfolge.

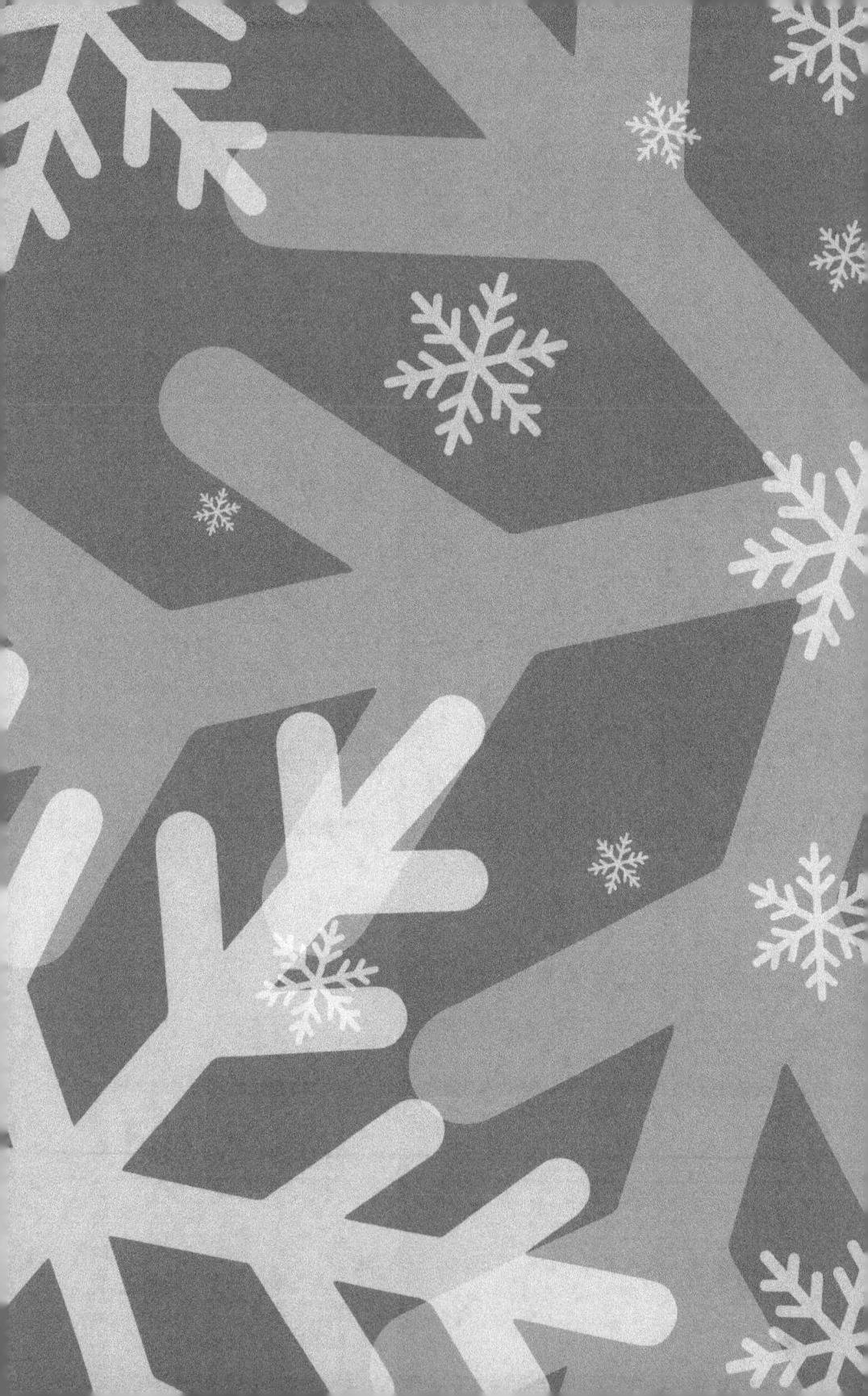

Kapitel 7

Die Maschine war repariert worden, doch obwohl sie noch funktionierte, lagen überall in der Werkstatt Spielzeugteile verstreut herum. Schrauben, Zahnräder und kleine bunte Teile bedeckten die Arbeitstische und den Boden und verursachten ein Durcheinander, das nicht ignoriert werden konnte. Dieses Chaos konnte nicht so belassen werden, wie es war; die Unordnung erschwerte nicht nur die Fortbewegung, sondern drohte auch die Herstellung von Geschenken zu verzögern, die pünktlich zu Weihnachten geliefert werden mussten.

Glücklicherweise konnte der detaillierte Spielzeugkatalog dabei helfen, die besondere Puppe, die sich ein Kind so sehnlichst gewünscht hatte, von Hand zusammenzusetzen. Es war Zeit, sich an die Arbeit zu machen.

Jede Minute zählte und jedes Spielzeug machte ein Kind glücklich, das gespannt auf sein Geschenk wartete. Mit Geduld und Freude mussten sie als Team zusammenarbeiten und nach und nach erwachte die Puppe zum Leben.

Die Werkstatt sollte noch einmal von Weihnachtsstimmung erfüllt sein und am Ende des Tages mussten die Spielsachen zum Verpacken bereit sein.

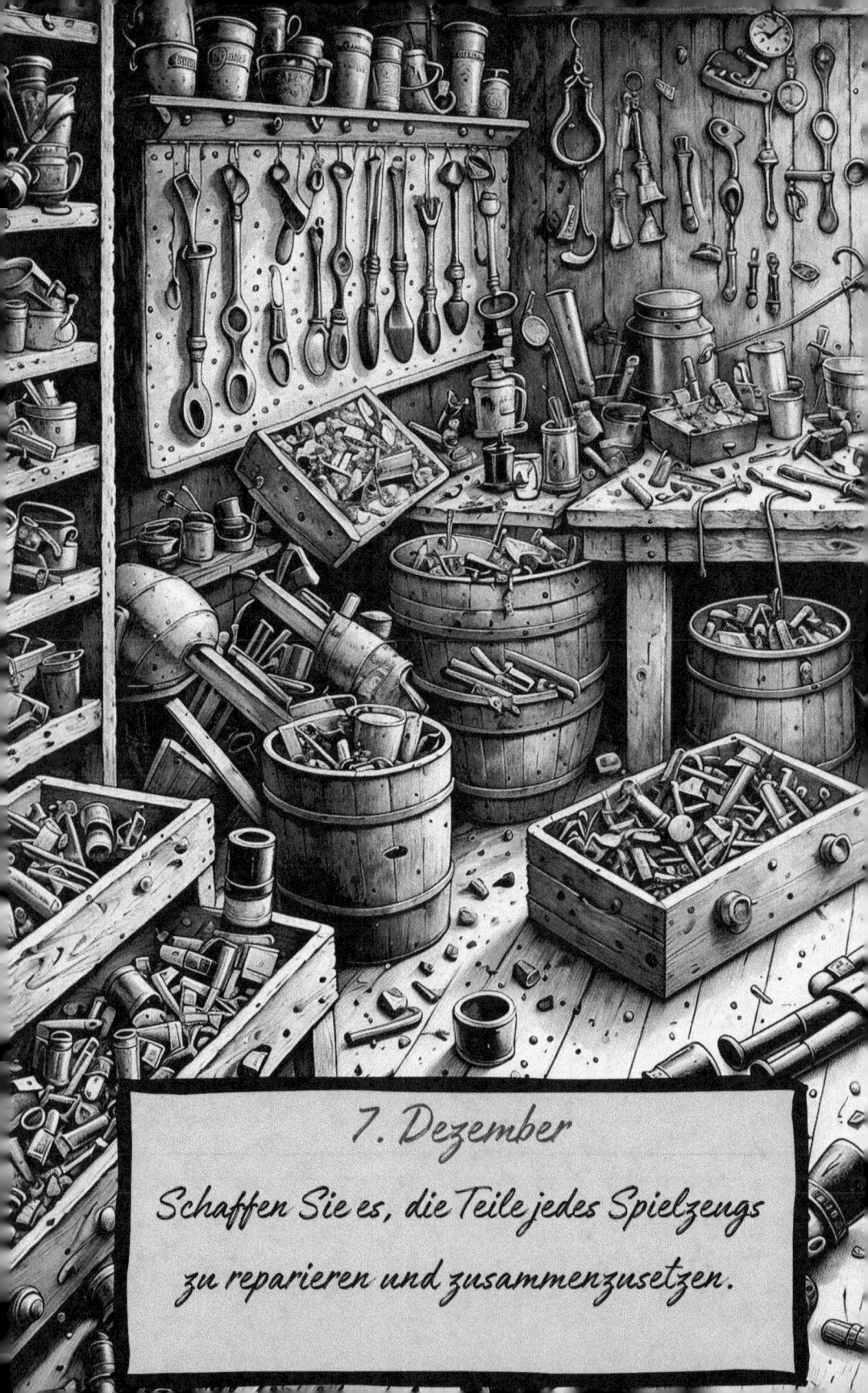

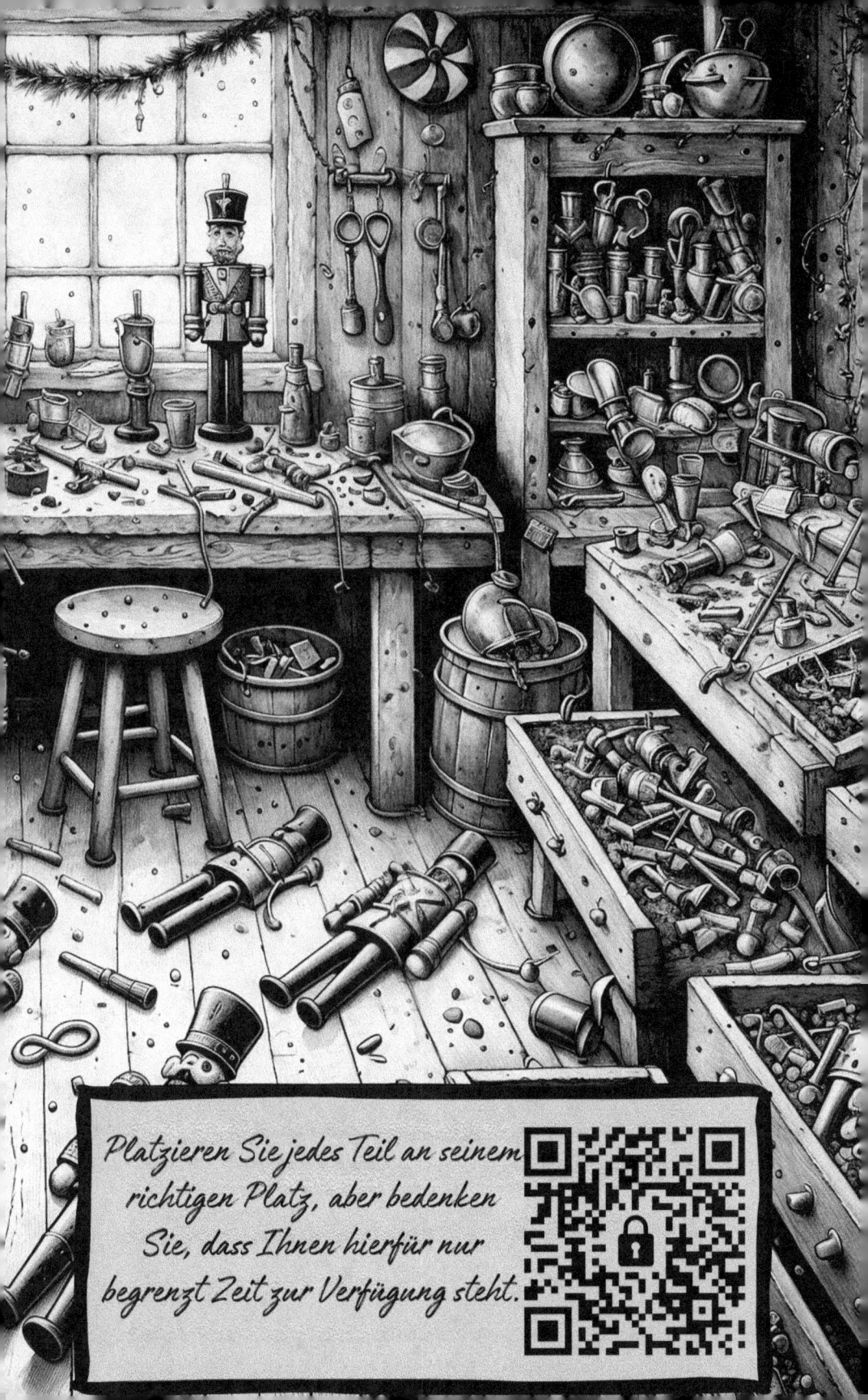

Kapitel 8

In den letzten Tagen waren zu viele Probleme aufgetreten: die Sabotage des Polarexpresses, die Systeme waren ohne Erklärung ausgefallen, die Passwortänderung im Kontrollraum, der Diebstahl von Spielzeug und die kaputte Spielzeugherstellungsmaschine. Der Weihnachtsmann beschloss, dass es an der Zeit war, drastischere Maßnahmen zu ergreifen. Er spürte in seinem Herzen, dass etwas nicht stimmte und die Sicherheit von Weihnachten auf dem Spiel stand. Deshalb beschloss er, alle seine Elfen in der großen Halle der Werkstatt zu einer Krisensitzung zu versammeln.

Die große Halle, geschmückt mit funkelnden Lichtern und Stechpalmengirlanden, füllte sich rasch mit Elfen aus allen Abteilungen: Ingenieuren, Handwerkern, Köchen und Boten. Ihre Gesichter spiegelten Besorgnis und Neugier wider, und sie fragten sich, was den Weihnachtsmann dazu veranlasst haben könnte, sie so plötzlich herbeizurufen. Das Stimmengemurmel ließ allmählich nach, bis nur noch das leise Knistern des Kamins und das entfernte Klingeln der Glöckchen zu hören waren.

Zeit für die Anwesenheitskontrolle!

Lasst uns mit der Namensaufrufung beginnen!

Als Erstes kommen drei Elfen an, die geübt haben.

Dann erscheinen drei Elfen, frisch aus der Dusche, nur mit Handtüchern bekleidet.

Augenblicke später trifft der Chef ein.

Anschließend tauchen zwei Elfen aus der Abteilung für schwere Geschenke der Fabrik auf.

Nun erscheint ein Elf, der von Kopf bis Fuß mit Sternen bedeckt ist.

Aus der Ferne hört man die Ankunft mehrerer Elfen mit bimmelnden Glöckchen.

Als nächstes tauchen zwei schläfrige Elfen in Pyjamas und Hausschuhen auf.

Danach ist ein Tumult zu hören, als zwei herausgeputzte Elfenfrauen in ihren feinsten Kleidern und mit über den Holzboden klappernden Absätzen hereinkommen.

Ihnen folgen ihre Ehemänner, schick in Anzügen und polierten Schuhen, als kämen sie gerade von einer Hochzeit.

Und schließlich humpelt der älteste Elf des Dorfes langsam und hinkend herein.

8. Dezember

Finden Sie heraus, welcher Elf in der großen Halle fehlt.

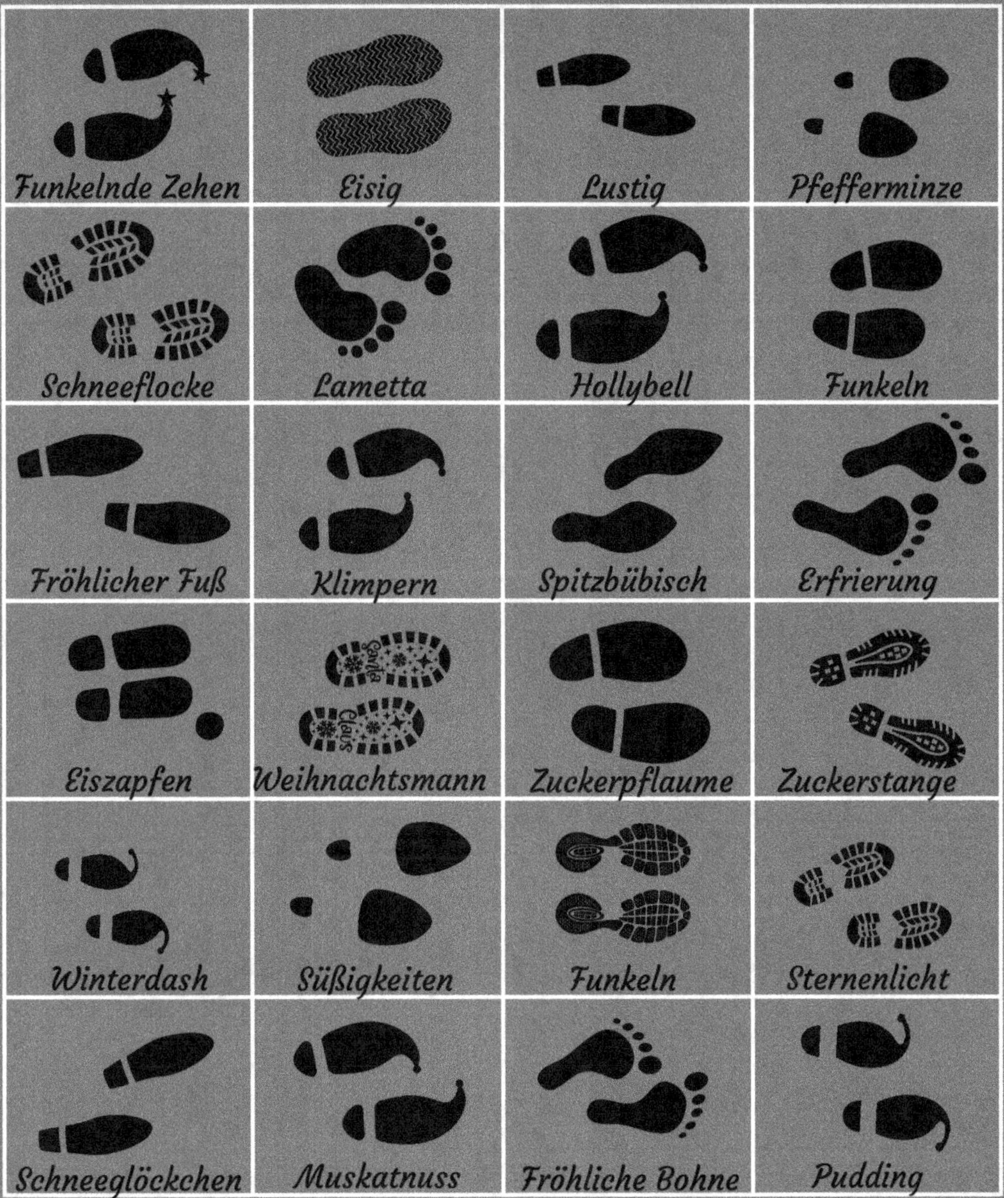

Funkelnde Zehen	Eisig	Lustig	Pfefferminze
Schneeflocke	Lametta	Hollybell	Funkeln
Fröhlicher Fuß	Klimpern	Spitzbübisch	Erfrierung
Eiszapfen	Weihnachtsmann	Zuckerpflaume	Zuckerstange
Winterdash	Süßigkeiten	Funkeln	Sternenlicht
Schneeglöckchen	Muskatnuss	Fröhliche Bohne	Pudding

Welcher Elf fehlt beim Treffen?

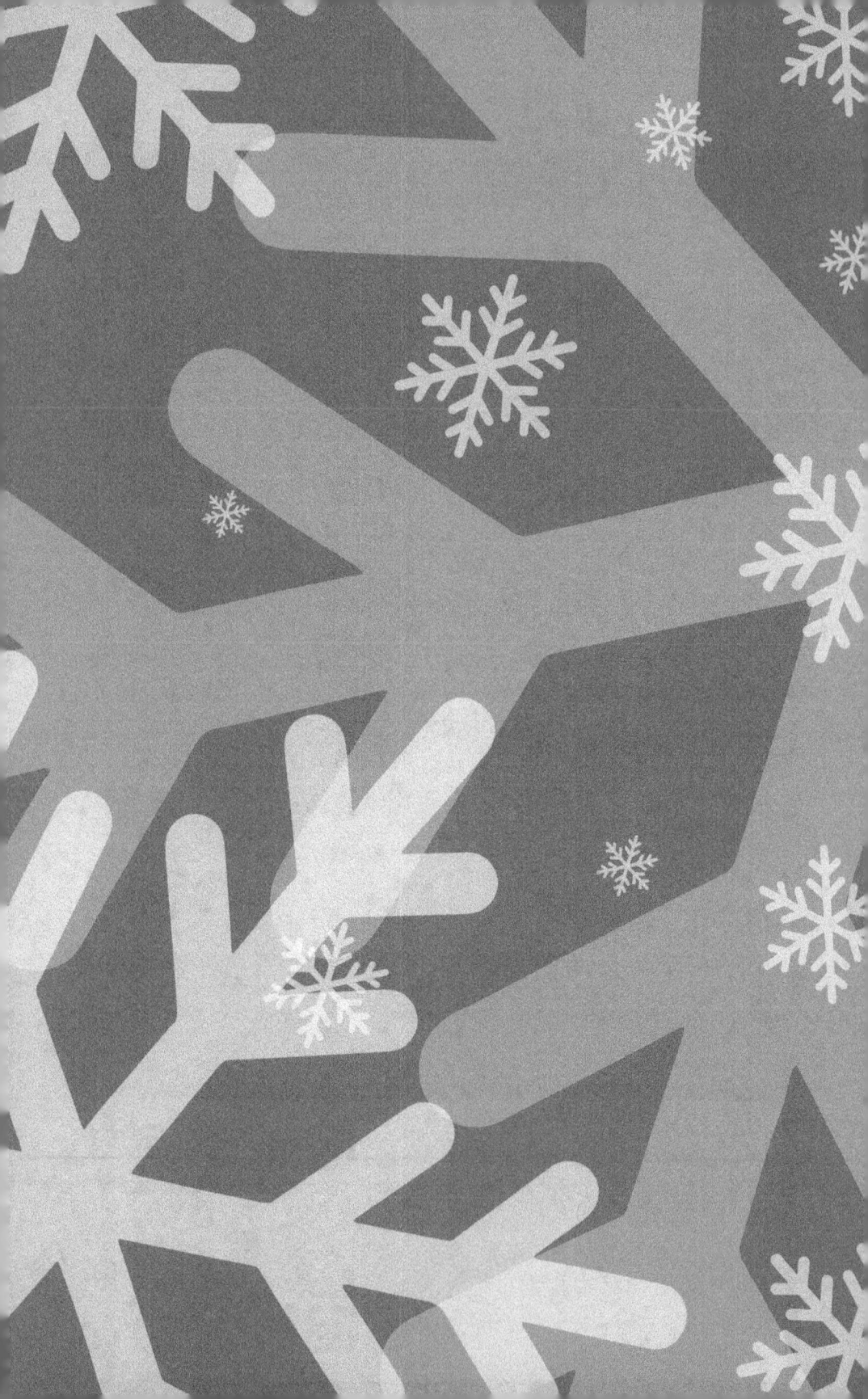

Kapitel 9

Nachdem er alle Elfen in der großen Halle der Werkstatt versammelt hatte, bemerkte der Weihnachtsmann besorgt, dass einer von ihnen fehlte.
Hat jemand Spitzbübisch gesehen?
Die Elfen sahen sich an, aber keiner von ihnen wusste eine Antwort. Spitzbübisch, der für seine Streiche und Mätzchen bekannt war, war nirgends zu sehen. Sie waren besorgt; es war ungewöhnlich, dass er ein so wichtiges Treffen verpasste, besonders so kurz vor Weihnachten.
Doch damit waren die Probleme noch nicht vorbei. Genau in diesem Moment unterbrach der Chef der Fabrikelfen den Weihnachtsmann mit einem dringlichen Gesichtsausdruck. Er hatte eine dringende Nachricht erhalten: Der Postbote, der diese Woche die Briefe der Kinder ausliefern sollte, würde nicht kommen. Sein Transportmittel war kaputt und er würde erst in der nächsten Woche zurückkehren können, was bedeutete, dass er die Briefe, die die Kinder geschrieben hatten, nicht mitbringen konnte.
Ein Raunen der Verwunderung und Sorge erfüllte den Raum. Die Briefe der Kinder waren wichtig, um zu wissen, welche Geschenke sie sich wünschten und um die Magie von Weihnachten am Leben zu erhalten.

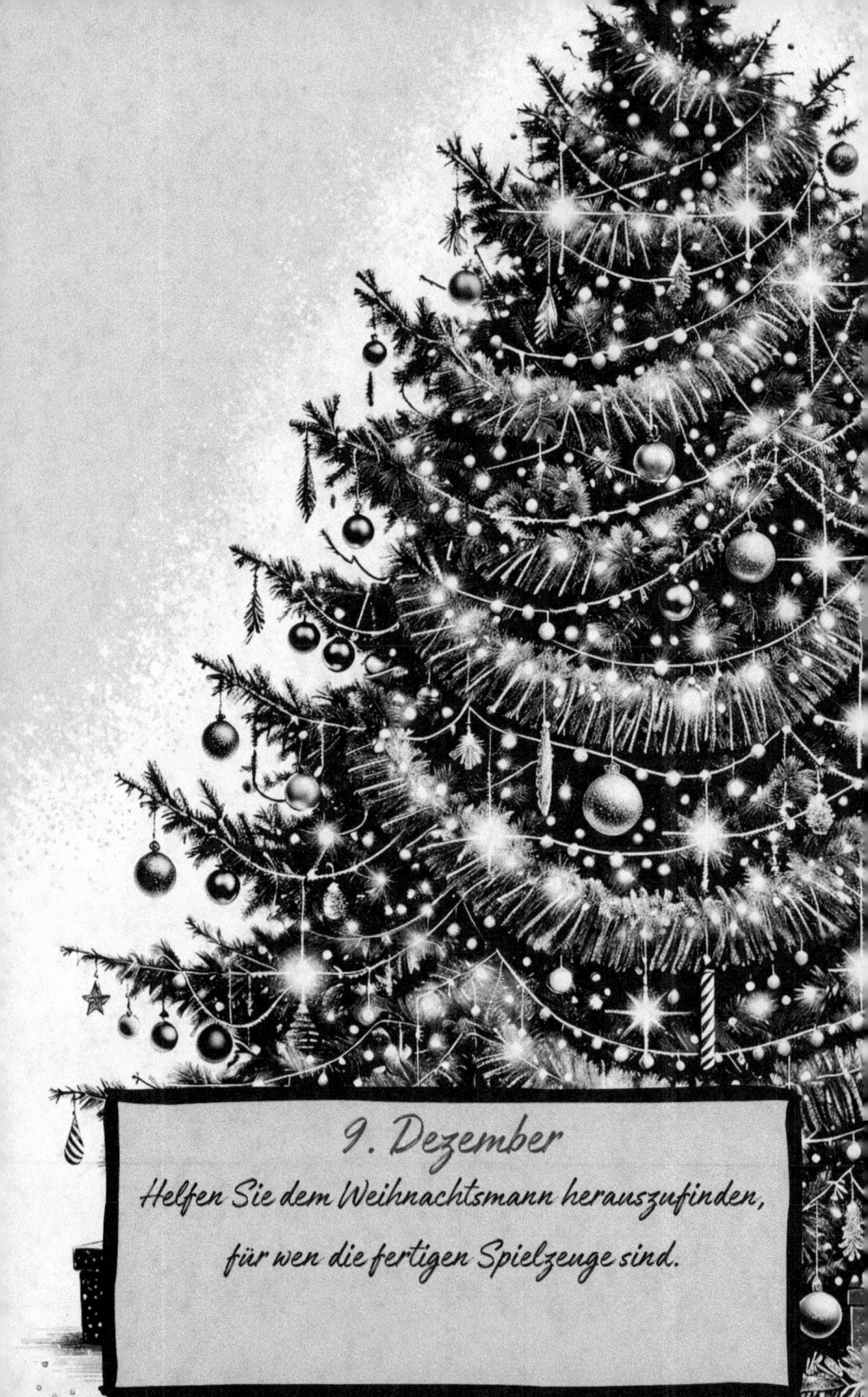

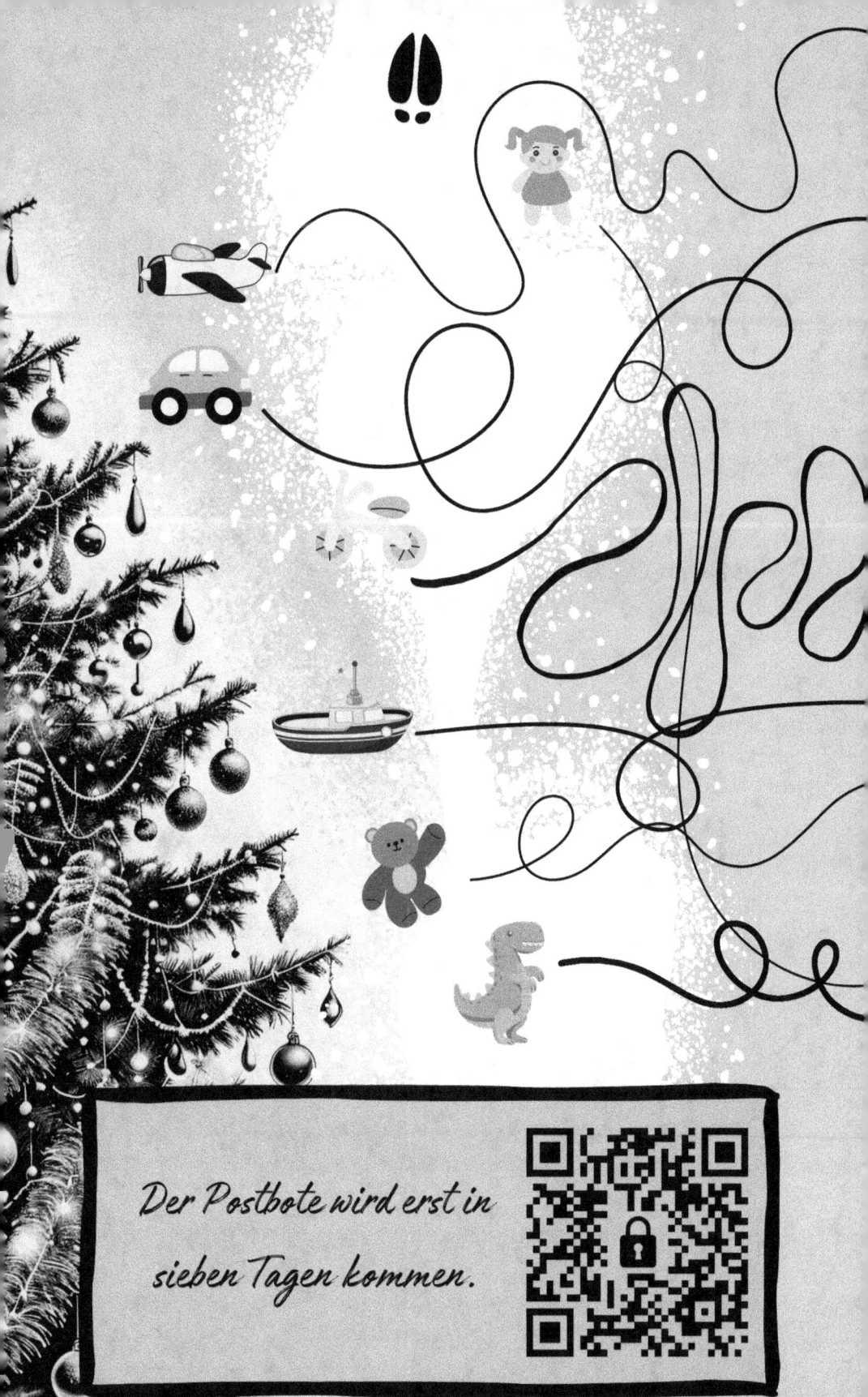

Kapitel 10

Als der Weihnachtsmann und seine Elfen die deutlichen Spuren eines Rentiers sahen, dachten sie, dass Spitzbübisch, der für seine Streiche und seine Angewohnheit, sich an den unwahrscheinlichsten Orten zu verstecken, bekannt war, vielleicht im warmen Rentierstall Zuflucht gesucht hatte. Mit dieser Vorstellung im Kopf machten sie sich auf den Weg zum Stall, in der Hoffnung, ihn dort zu finden, vielleicht friedlich im Heu schlafend oder mit den Zügeln spielend.

Als sie jedoch am Stall ankamen, erwartete sie eine viel größere Überraschung als erwartet. Nicht nur war Spitzbübisch nirgends zu finden, auch eines der Rentiere, Dancer, war auf mysteriöse Weise verschwunden. Die anderen Rentiere waren unruhig, zuckten mit den Ohren und stampften auf den Boden, als wollten sie mitteilen, dass etwas Seltsames passiert war.

Glücklicherweise verfügen alle Rentiere über ein in das Geschirr eingebautes magisches Ortungsgerät, das genau für derartige Notfälle konzipiert ist.

Es gab keine Zeit zu verlieren. Sie mussten ihn so schnell wie möglich finden. Das Gerät zeigte eine Reihe von Koordinaten und einen Pfeil an, der auf eine nahe gelegene Stadt zeigte, in der die Bürger ein Weihnachtskonzert veranstalteten.

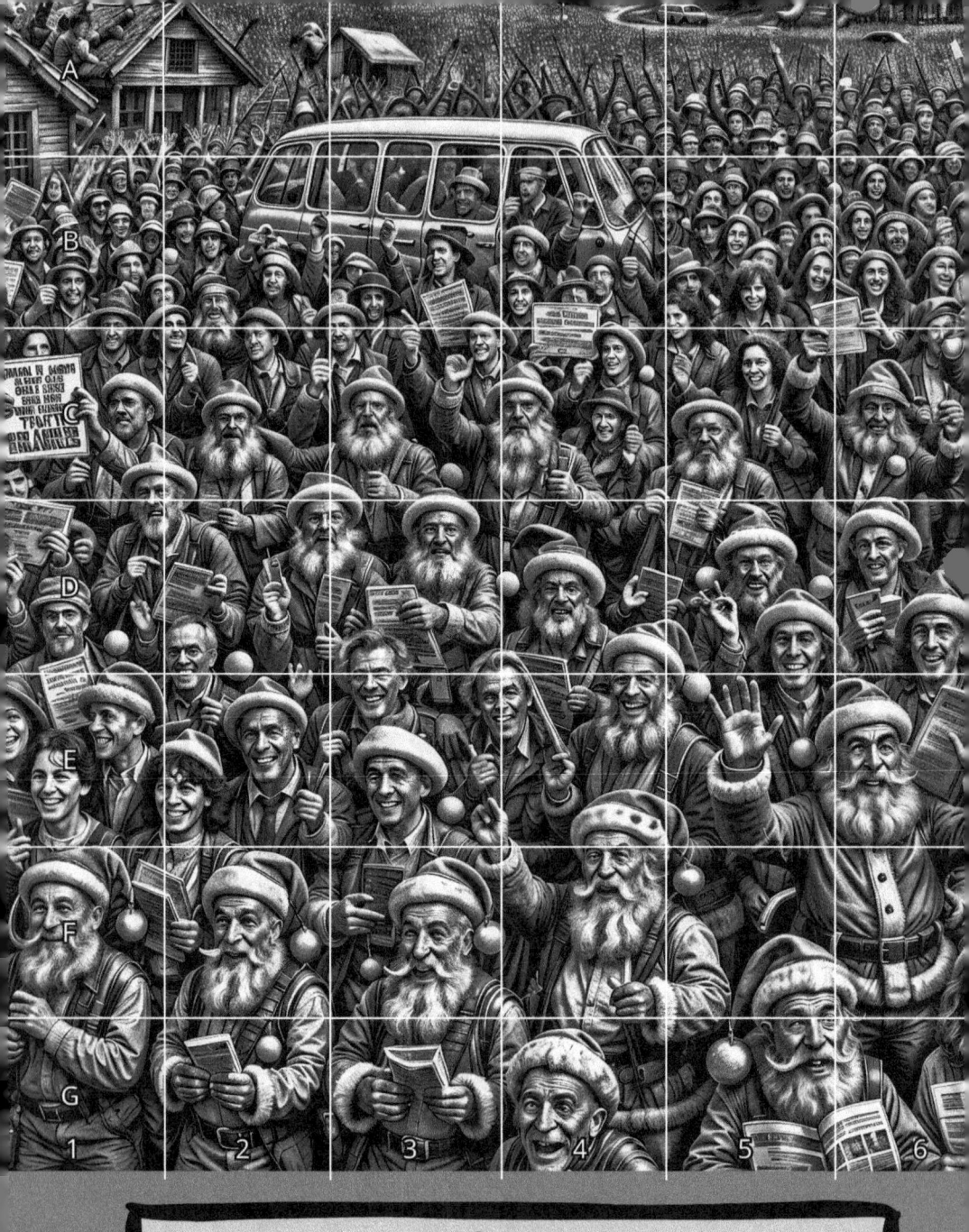

10. Dezember
Der Sucher führt Sie in eine nahegelegene Stadt, in der sich alle Dorfbewohner versammeln und Weihnachtslieder singen.

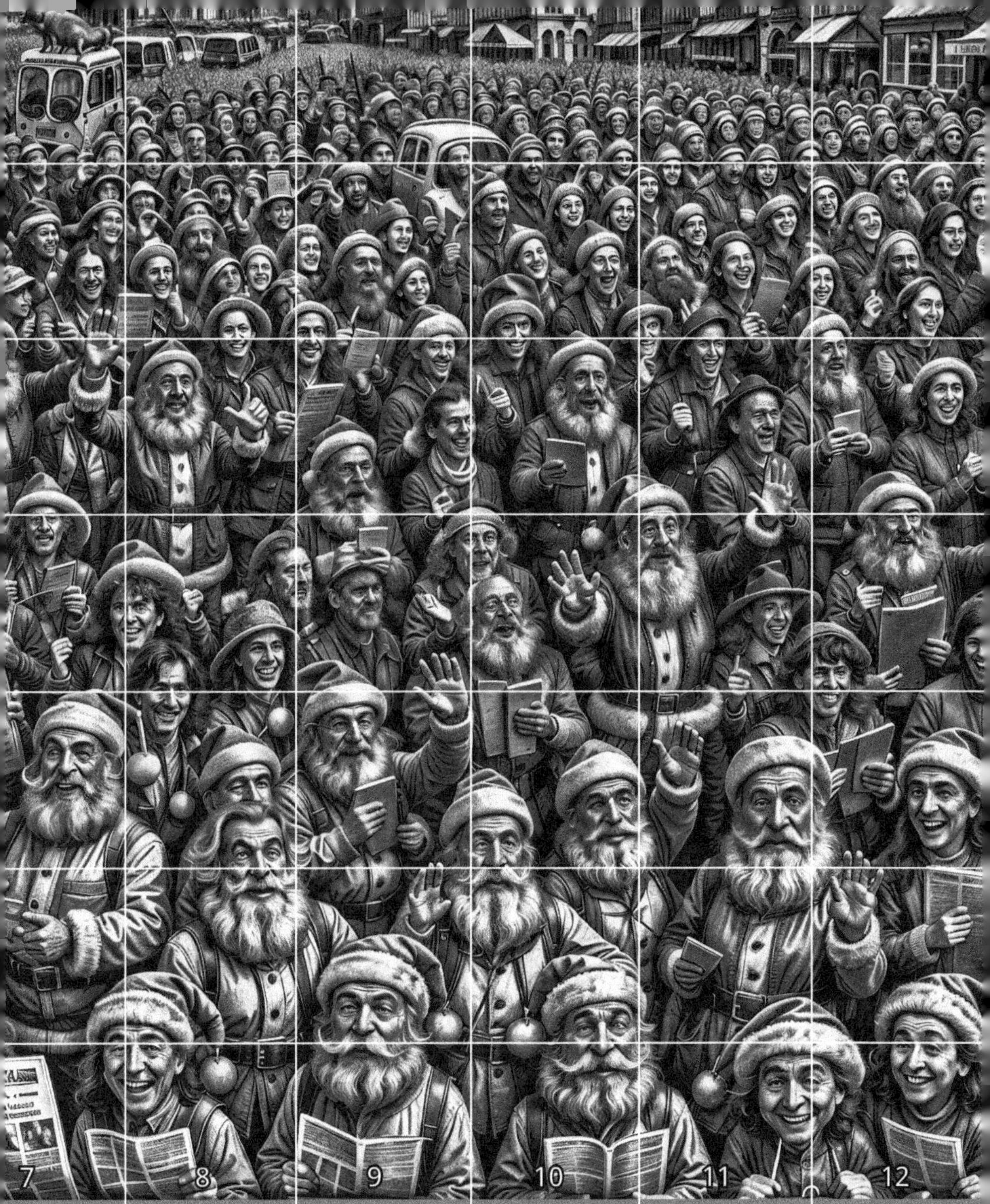

Finden Sie das Rentier Dancer, damit Sie nach Hause zurückkehren können.

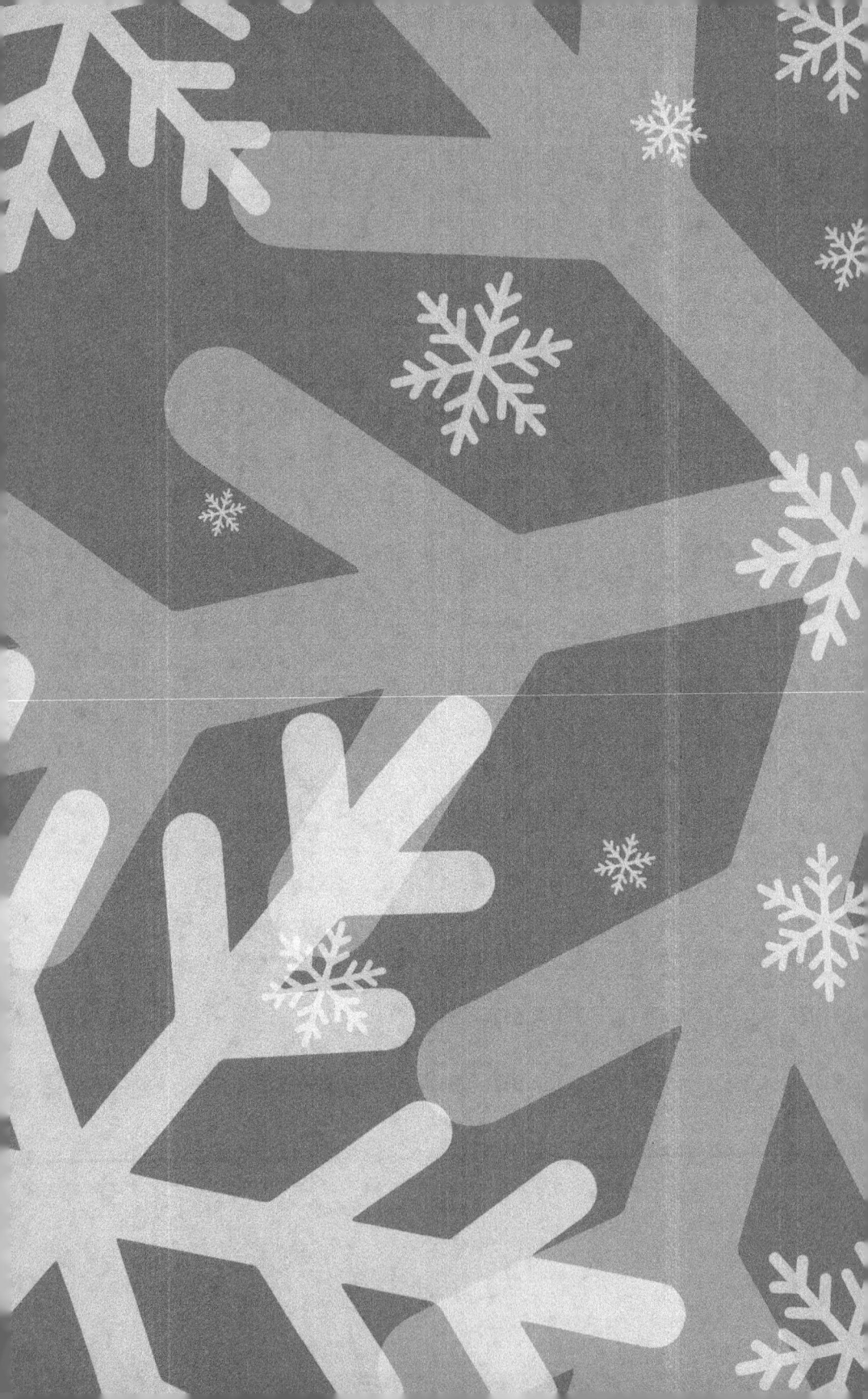

Kapitel 11

Nachdem er Dancer unter den Stadtbewohnern gefunden hatte, empfand der Weihnachtsmann große Erleichterung und Freude. Dancer, eines seiner zuverlässigsten und wendigsten Rentiere, war stundenlang in der Menge verschwunden und seine Abwesenheit hatte alle am Nordpol beunruhigt. Jetzt, da sie wieder vereint waren, waren sie beide bereit, die lange Heimreise anzutreten.

Um die Sache noch schlimmer zu machen, näherte sich am Horizont ein starker Schneesturm. Dunkle Wolken sammelten sich am Himmel, und der Wind wurde immer stärker und trug Schneeflocken mit sich, die die Sicht erschwerten. Es war klar, dass der Sturm heftig werden würde und sie schnell und vorsichtig handeln mussten.

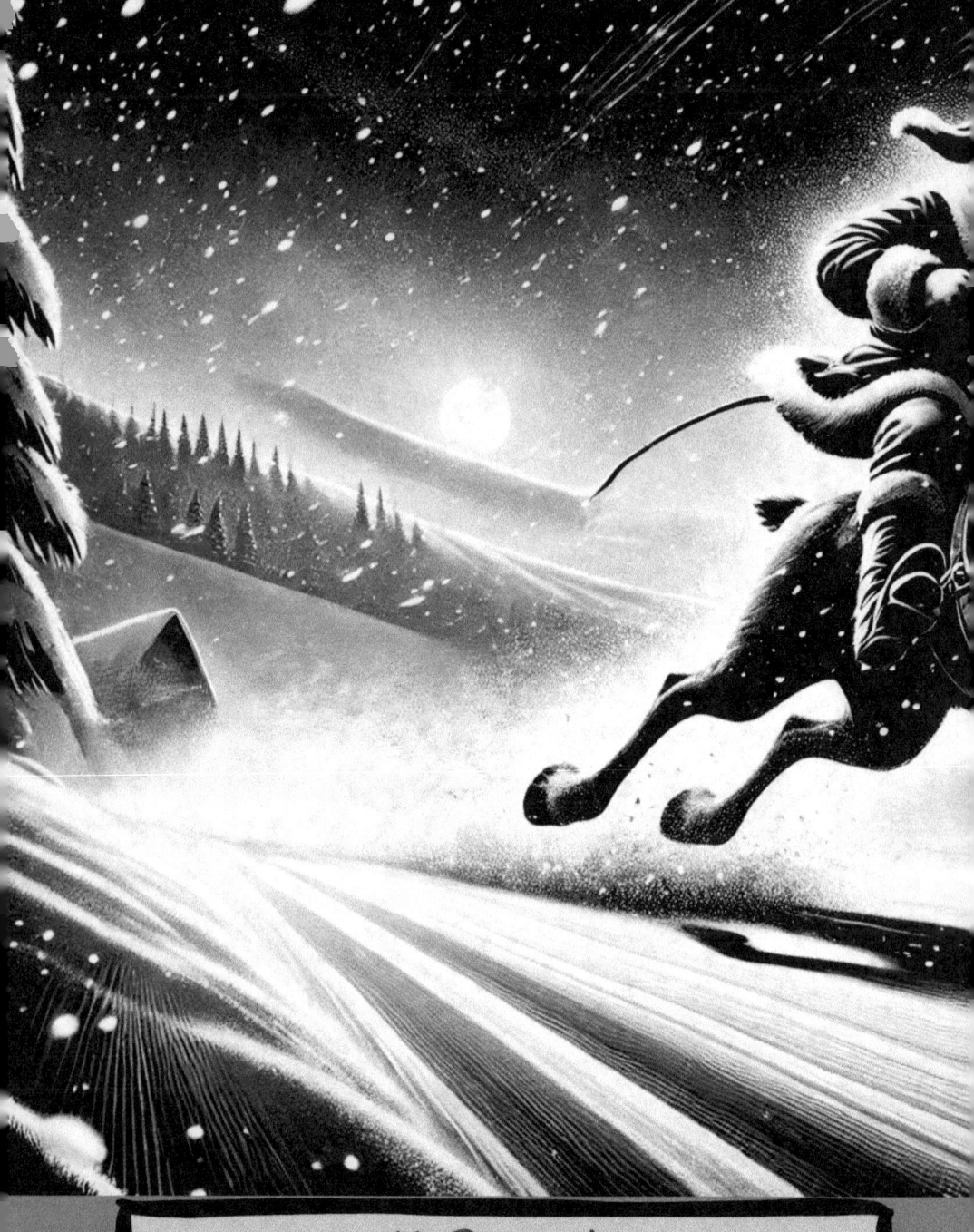

11. Dezember

Bringen Sie das Rentier Dancer sicher nach Hause. Weiche allen Hindernissen aus. Springe und springe. Suchen Sie Schutz, wenn Sie den Stall erreichen.

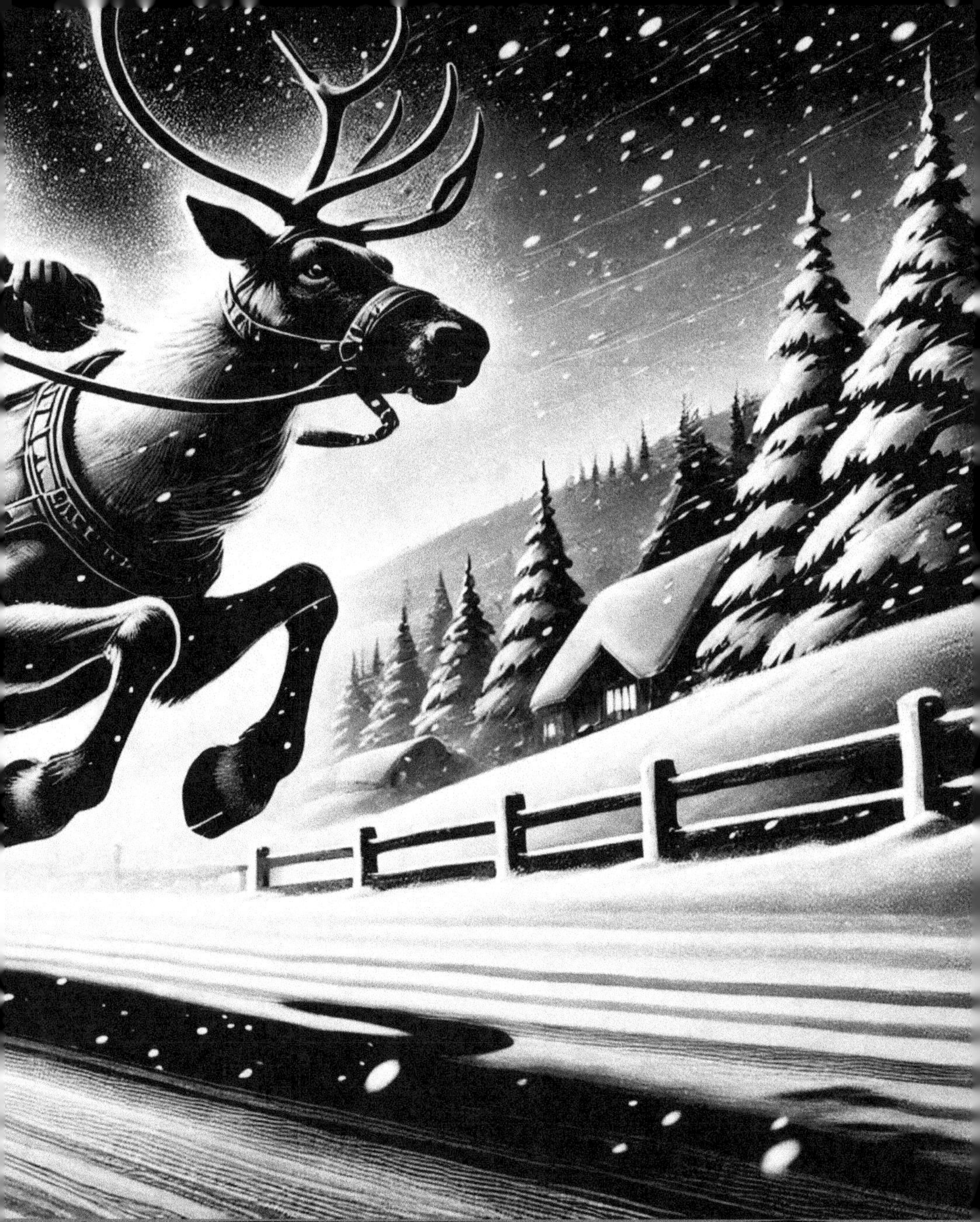

Wichtiger Hinweis: Drehen Sie Ihr Telefon in den Querformatmodus oder wechseln Sie zur Computeransicht.

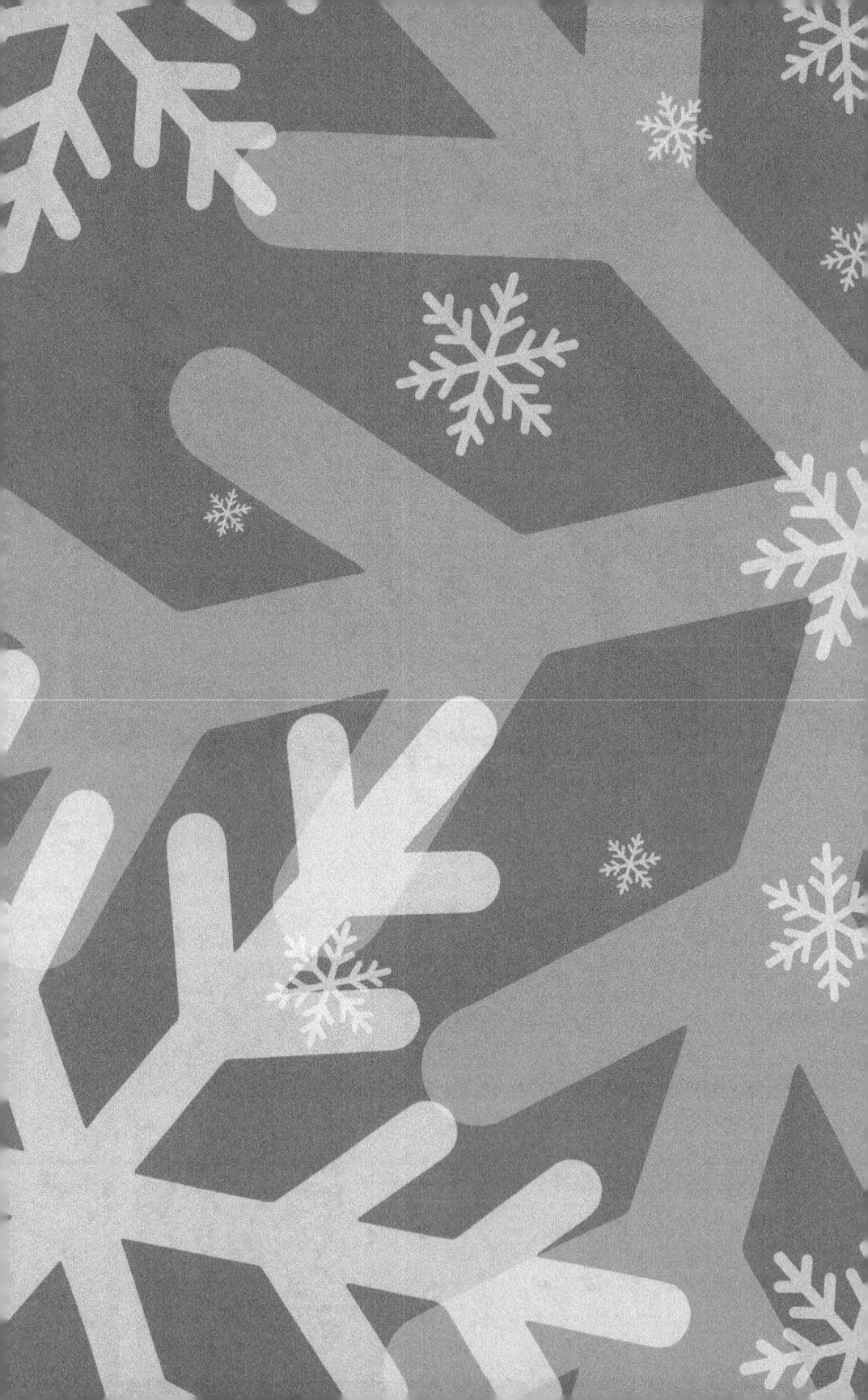

Kapitel 12

Als Dancer sicher nach Hause kam, war Santa zutiefst erleichtert, da er wusste, dass eines seiner liebsten Rentiere in Sicherheit war. Doch er konnte sich nicht völlig ausruhen. Eine anhaltende Sorge nagte an ihm: Was könnte Spitzbübisch sonst noch im Dorf angestellt haben? Der kleine Elf, bekannt für seine schelmische Natur und seinen grenzenlosen Enthusiasmus, geriet oft in Schwierigkeiten, ohne sich der Konsequenzen seines Handelns bewusst zu sein.

Der Weihnachtsmann wusste, dass die Streiche von Spitzbübisch subtil sein und unbemerkt bleiben konnten, bis es zu spät war. Er fragte sich, ob die Mätzchen des Elfs noch weitere unerwartete Rückschläge nach sich ziehen könnten.

Er beschloss, in sein Büro zu gehen, um die Listen durchzusehen und sicherzustellen, dass alles in Ordnung war. Als er die Tür öffnete, erstarrte er. Im Zimmer herrschte Chaos. Alle Bücher mit den Namen der braven Kinder lagen verstreut auf dem Boden. Die Seiten, einst sorgfältig geordnet, lagen nun in Unordnung, manche sogar zerknittert.

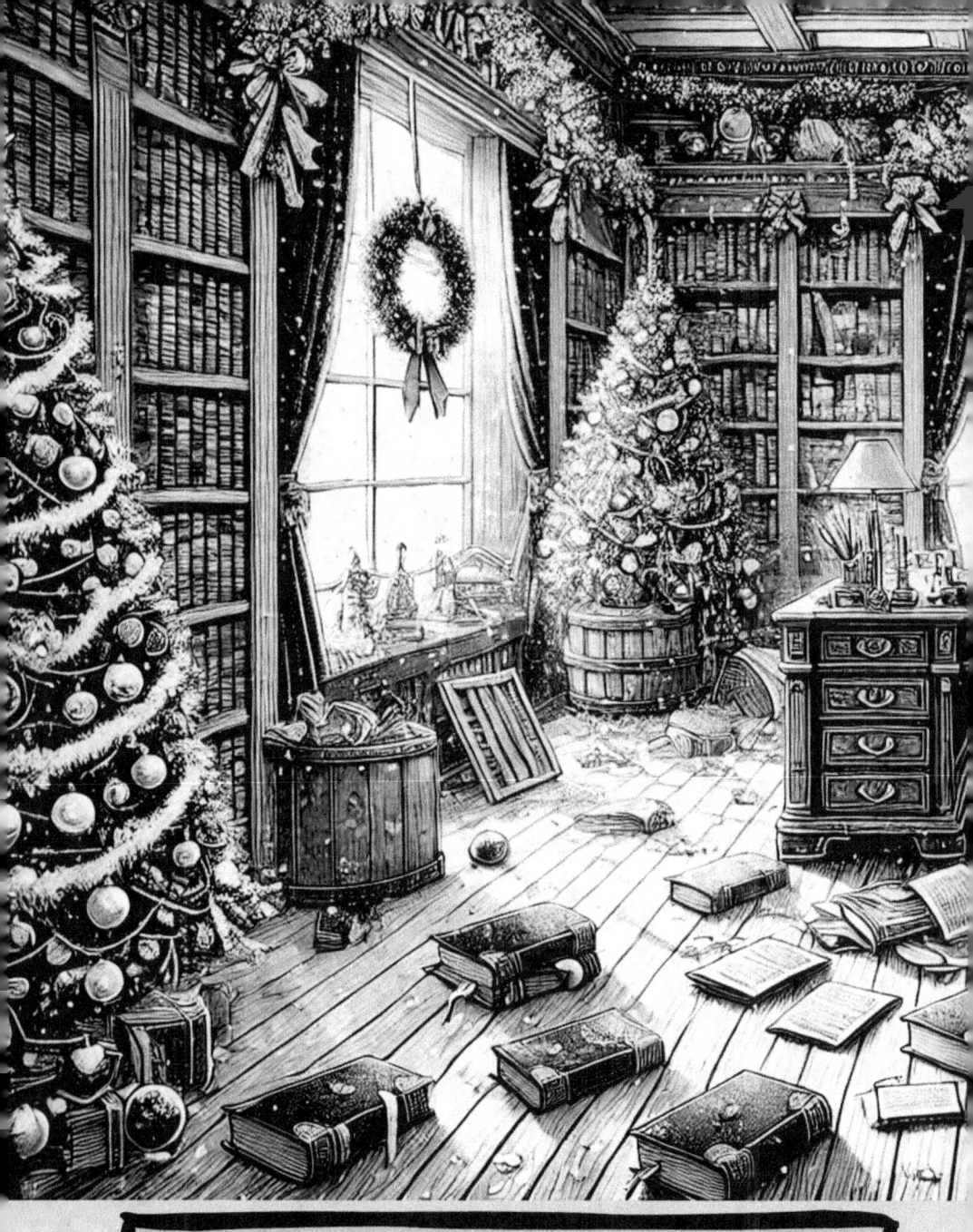

12. Dezember

Es ist sehr wichtig, die Bücher der braven Kinder neu zu ordnen, damit niemand ohne Geschenk bleibt.

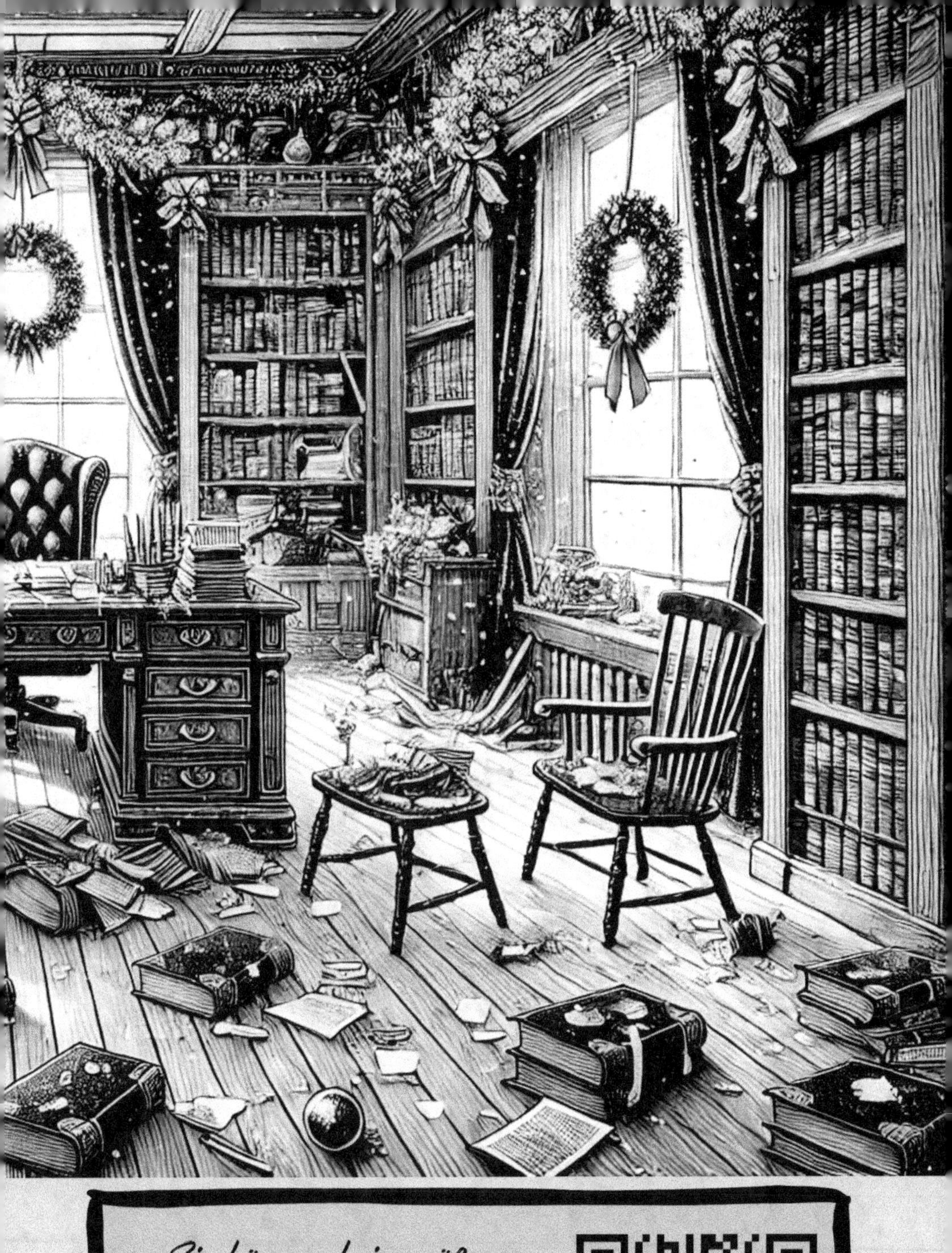

Sie können kein größeres Buch auf ein kleineres legen. Sie können immer nur ein Buch gleichzeitig verschieben.

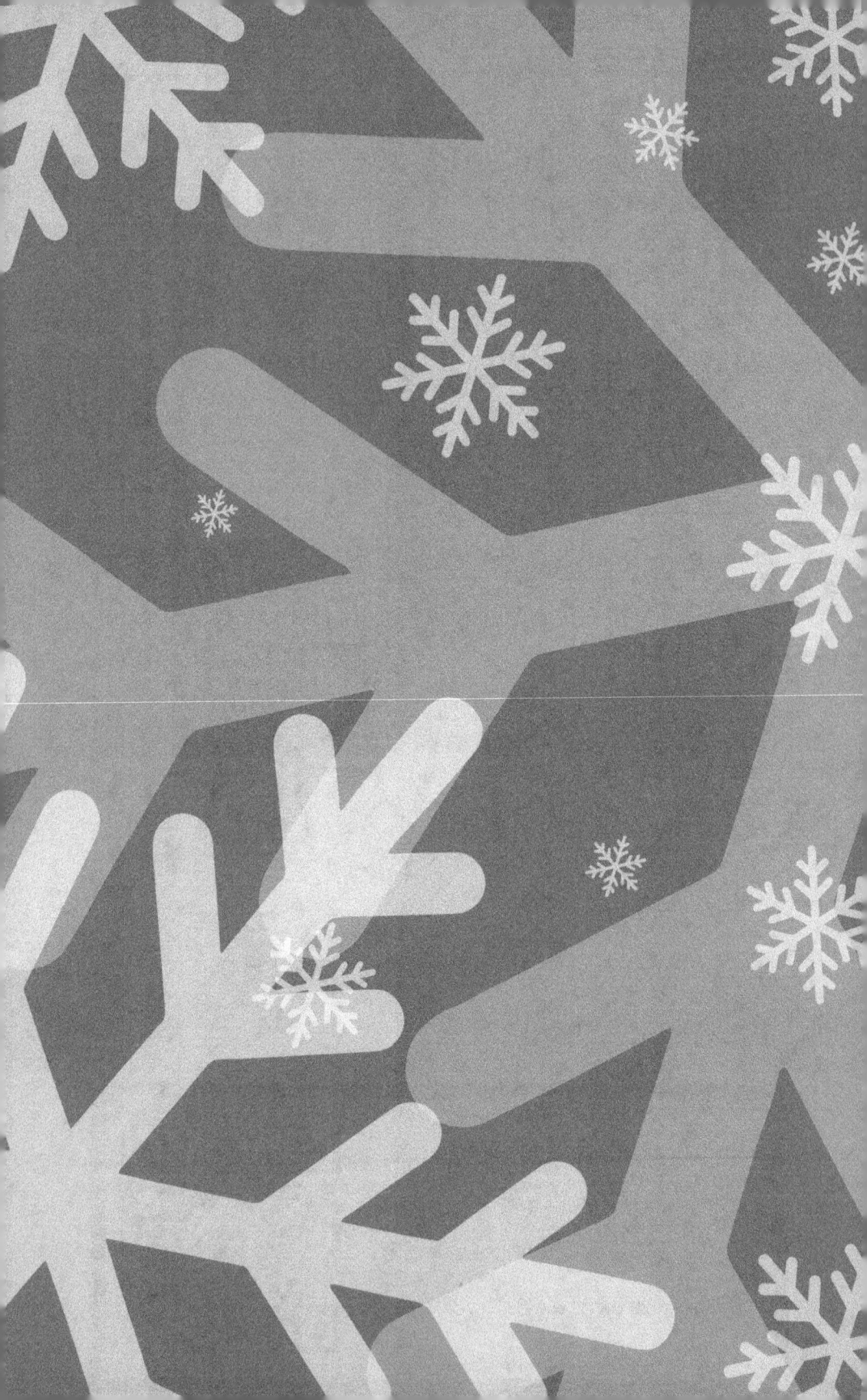

Kapitel 13

Der Weihnachtsmann hatte es satt, die Bücher zu ordnen, und stieß einen tiefen Seufzer aus, während er sich über die Stirn wischte. Er hatte Stunden damit verbracht, die dicken Wälzer mit den Namen aller guten Kinder der Welt neu zu ordnen, nachdem Spitzbübisch durch seine boshaften Aktionen sie über den Boden seines Büros verstreut hatte. Jedes Buch war wichtig, um sicherzustellen, dass in der magischen Weihnachtsnacht kein Kind vergessen wurde, und die Unordnung hatte das gesamte System der Geschenkzustellung gefährdet.

Als er das letzte Buch in das entsprechende Regal stellte, fiel ihm etwas auf. Zwischen den leicht zerknitterten Seiten eines der ältesten Bände ragte ein kleines Stück Papier hervor, das nicht zu dem Buch gehörte. Neugierig nahm der Weihnachtsmann es vorsichtig und untersuchte es im warmen Licht seiner Schreibtischlampe.

Es war eine von Spitzbübisch geschriebene Notiz. Das Papier war vergilbt.

Was ist das?

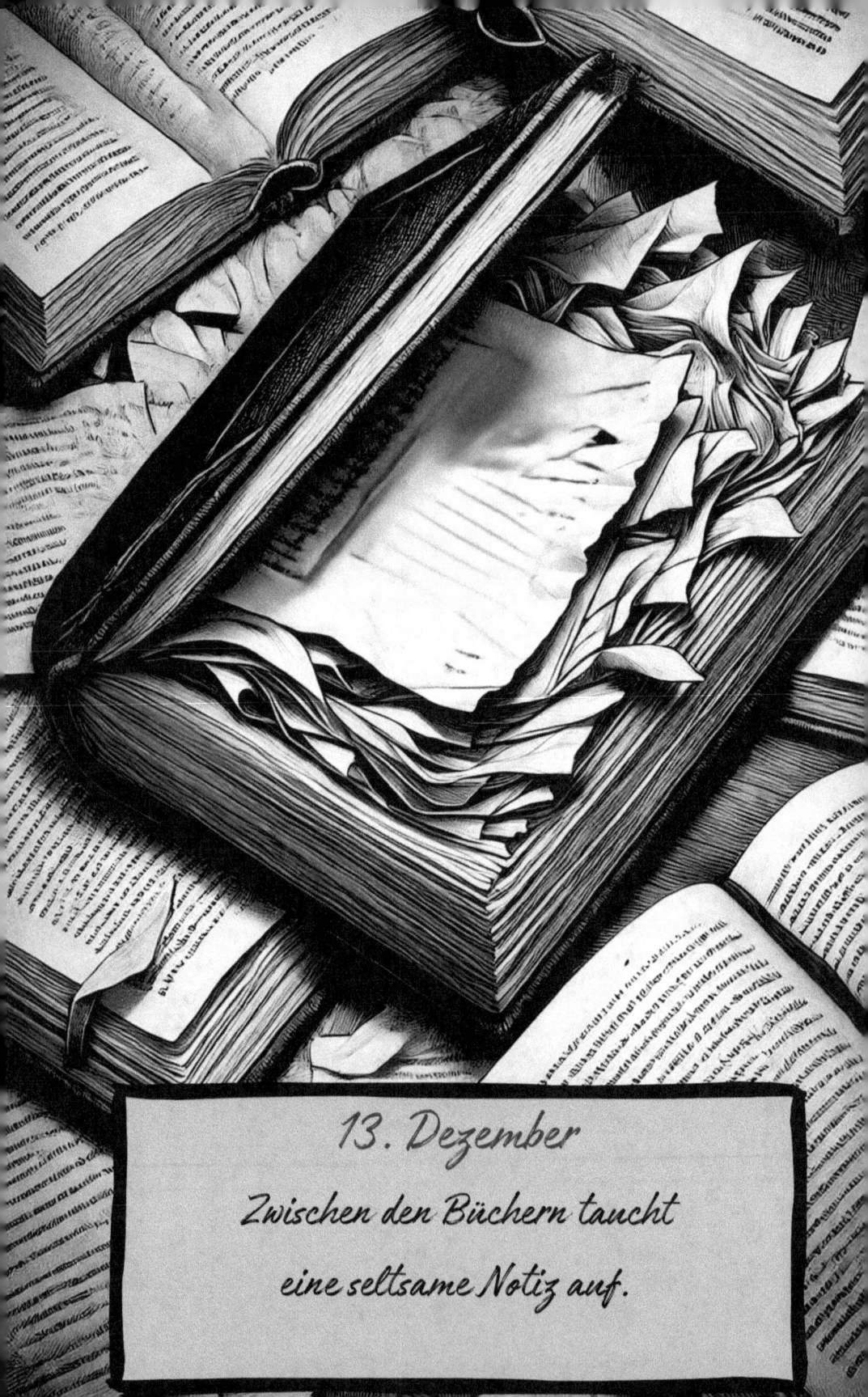

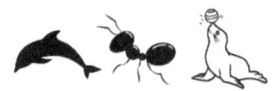

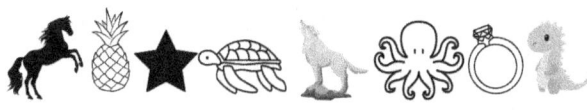

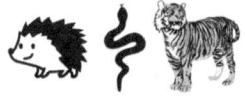

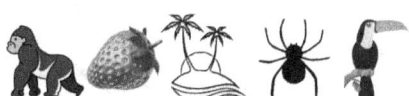

Nichts in dieser Notiz ergibt einen Sinn.

Kapitel 14

Nachdem er die rätselhafte Notiz, die er zwischen den unordentlichen Büchern gefunden hatte, sorgfältig entziffert hatte, empfand der Weihnachtsmann eine Mischung aus Besorgnis und Entschlossenheit. Die Notiz, die mit hastigen Strichen und seltsamen Symbolen geschrieben war, hatte Hinweise enthüllt, die direkt auf Spitzbübisch verwiesen. Da ihm bewusst war, dass etwas Größeres vor sich ging, beschloss er, zum Haus des kleinen Elfs zu gehen, um zu sehen, ob er ihn dort finden konnte, und dabei ein wenig genauer zu untersuchen, was er vorhatte.

Als er ankam, bemerkte er, dass die Haustür leicht angelehnt war, was ungewöhnlich war, da Spitzbübisch immer großen Wert auf die Sicherheit seines Zuhauses legte. Im Inneren der Hütte war es still. Der Kamin war kalt und die Luft fühlte sich frostig an. Doch alles schien an seinem Platz zu sein.

In der Mitte des Raumes stand eine alte Truhe, an die der Weihnachtsmann sich nicht erinnern konnte, sie schon einmal gesehen zu haben. Sie war aus dunklem Holz, mit Metallverstärkungen und geschnitzten Verzierungen.

Als er versuchte, es zu öffnen, merkte er, dass es fest verschlossen war. Eine Buchstabenkombination verhinderte das Öffnen.

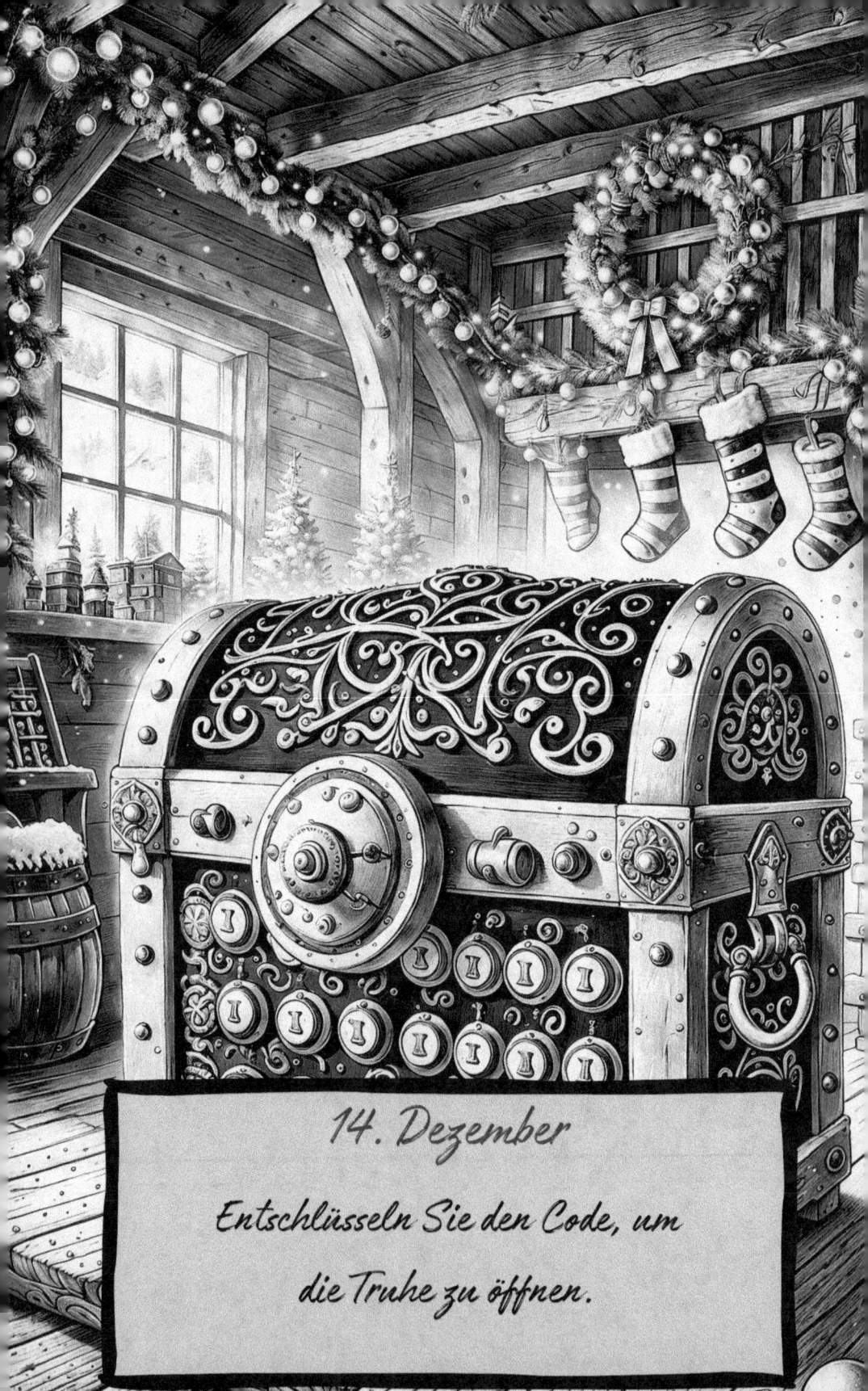

QRE PBQR VFG:
JRVUANPUGRA

Es scheint keinen Sinn zu ergeben.
Was könnte sich in der Truhe verbergen?

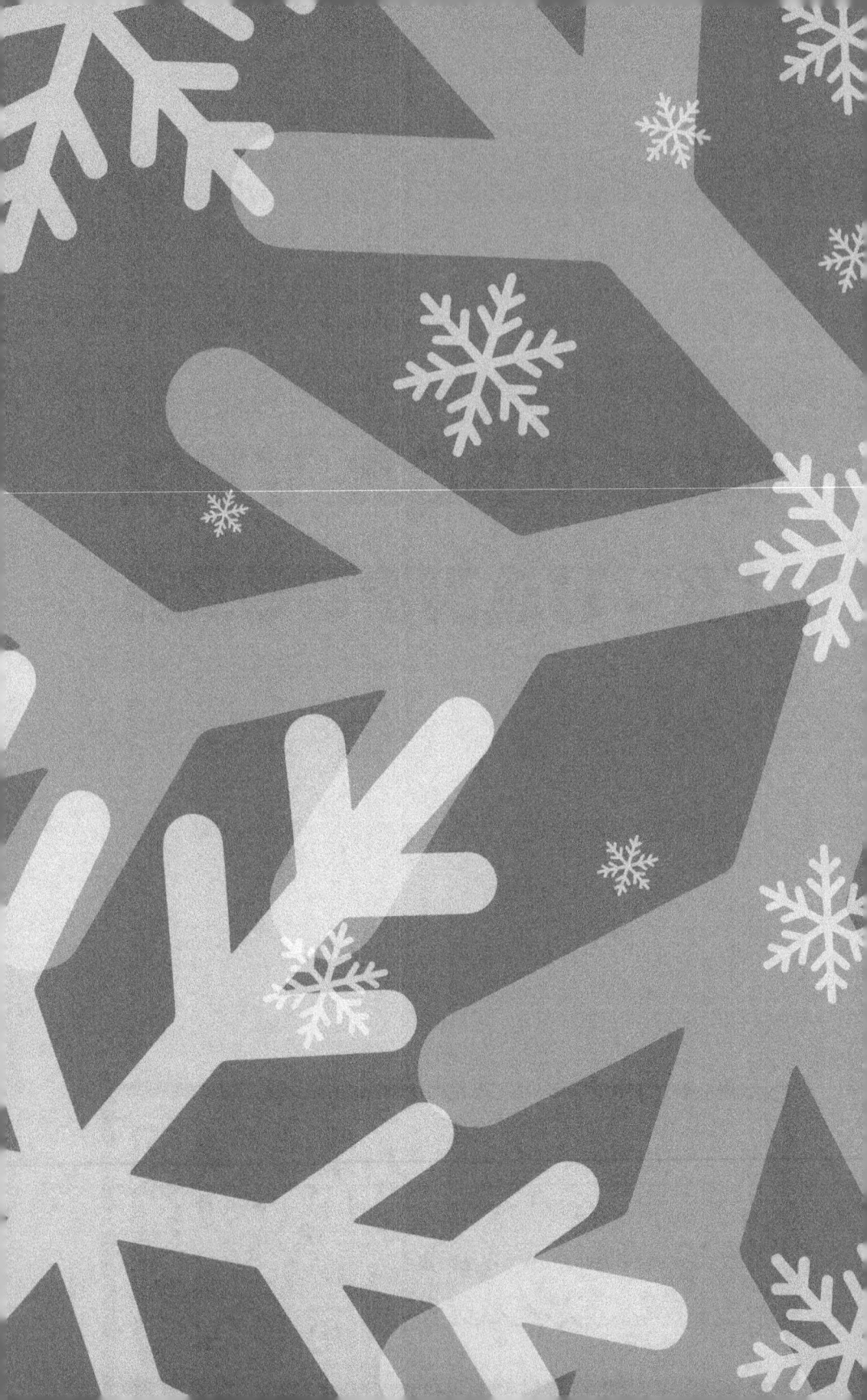

Kapitel 15

Nachdem er die Truhe mit dem beschrifteten Schloss aufgeschlossen hatte, verspürte der Weihnachtsmann eine Mischung aus Neugier und Vorfreude. Der Deckel knarrte leise, als er sich hob, und enthüllte das dunkle und staubige Innere der alten Truhe. Ein schwacher Duft von Gewürzen und fernen Erinnerungen wehte durch die Luft und rief vergangene Zeiten und vergessene Traditionen hervor.

Ganz unten in der Truhe entdeckte er mehrere zerrissene und alte Papierstücke. Die Stücke waren vom Alter vergilbt und die abgenutzten Kanten zeigten, dass sie in der Vergangenheit häufig angefasst worden waren. Mit zarten Händen hob der Weihnachtsmann die Stücke auf und achtete darauf, sie nicht noch mehr zu beschädigen. Als er sie auf einem Tisch in der Nähe ausbreitete, erkannte er, dass es sich um das alte Rezept für Lebkuchen handelte, eine Tradition, die Generationen zurückreichte und das Herzstück der Weihnachtsfeierlichkeiten am Nordpol bildete.

Es war mehr als nur ein Rezept; es war ein Symbol der Einheit, Liebe und gemeinsamen Freude aller Bewohner der Werkstatt. Die Lebkuchen waren berühmt für ihren unvergleichlichen Geschmack und ihre Fähigkeit, selbst in den kältesten Nächten die Herzen zu erwärmen.

ezept: Lebkuchenplätzc

amm Backpulver.

von Zucker.

gramm Zimtpulver.

eier.

ramm Mehl.

ramm Salz.

gramm Ingwerpulver.

gramm Butter.

---

15. Dezember

Mit dem Rezept ergeben sich 13 Kekse.

Und jeder Keks wiegt 51 Gramm.

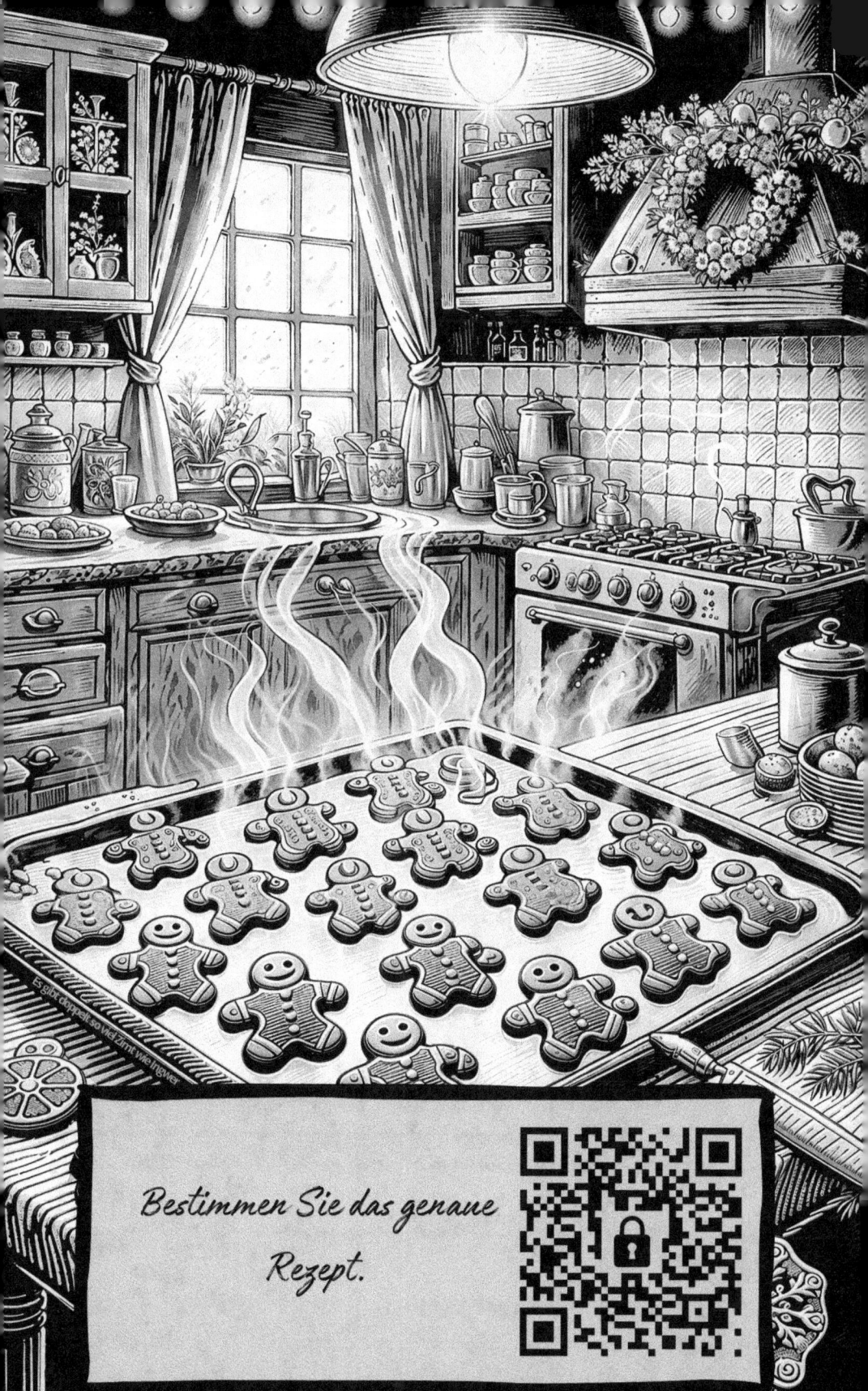

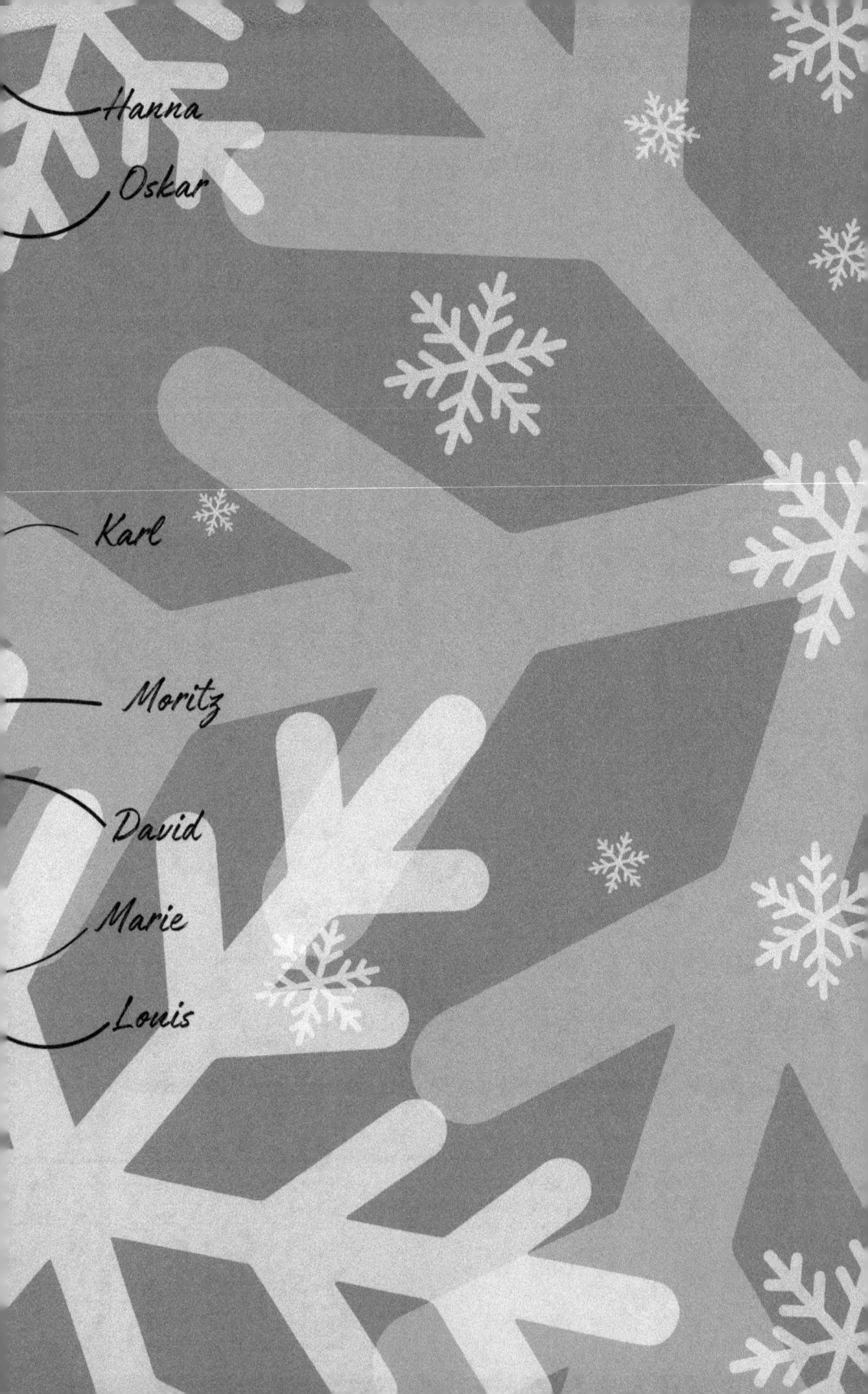

Kapitel 16

Der Weihnachtsmann war zufrieden, das Plätzchenproblem gelöst zu haben, und fühlte sich erleichtert und glücklich. Der süße Duft frisch gebackener Lebkuchen erfüllte noch immer die Luft der Werkstatt und erfüllte jede Ecke mit dem charakteristischen Weihnachtsduft. Die Elfen hatten ihre Aufgaben mit neuem Enthusiasmus wieder aufgenommen und die allgemeine Atmosphäre war von Freude und Kameradschaft geprägt.

Doch während er in seinem Büro einige Papiere ordnete, hörte der Weihnachtsmann ein leises Klopfen von draußen. Zuerst dachte er, es könnte ein Elf sein, der an Dekorationen arbeitete, aber das Geräusch wurde gleichmäßiger und rhythmischer. Neugierig geworden, näherte er sich dem Fenster und zog die roten Vorhänge zurück, die davor hingen.

Von dort aus beobachtete er, wie sich graue Wolken über dem Dorf zusammengeballt hatten und leichter Regen zu fallen begann, der kleine Pfützen auf dem schneebedeckten Boden bildete. Die Tropfen glitten über das Glas und bildeten Muster, die langsam herabrieselten. Es war ungewöhnlich, dass es am Nordpol regnete, besonders zu dieser Jahreszeit, wenn der Schnee der unangefochtene Protagonist war.

Wegen des Regens konnten sie die Suche nach dem Elf, der im ganzen Dorf sein Unwesen trieb, nicht fortsetzen.

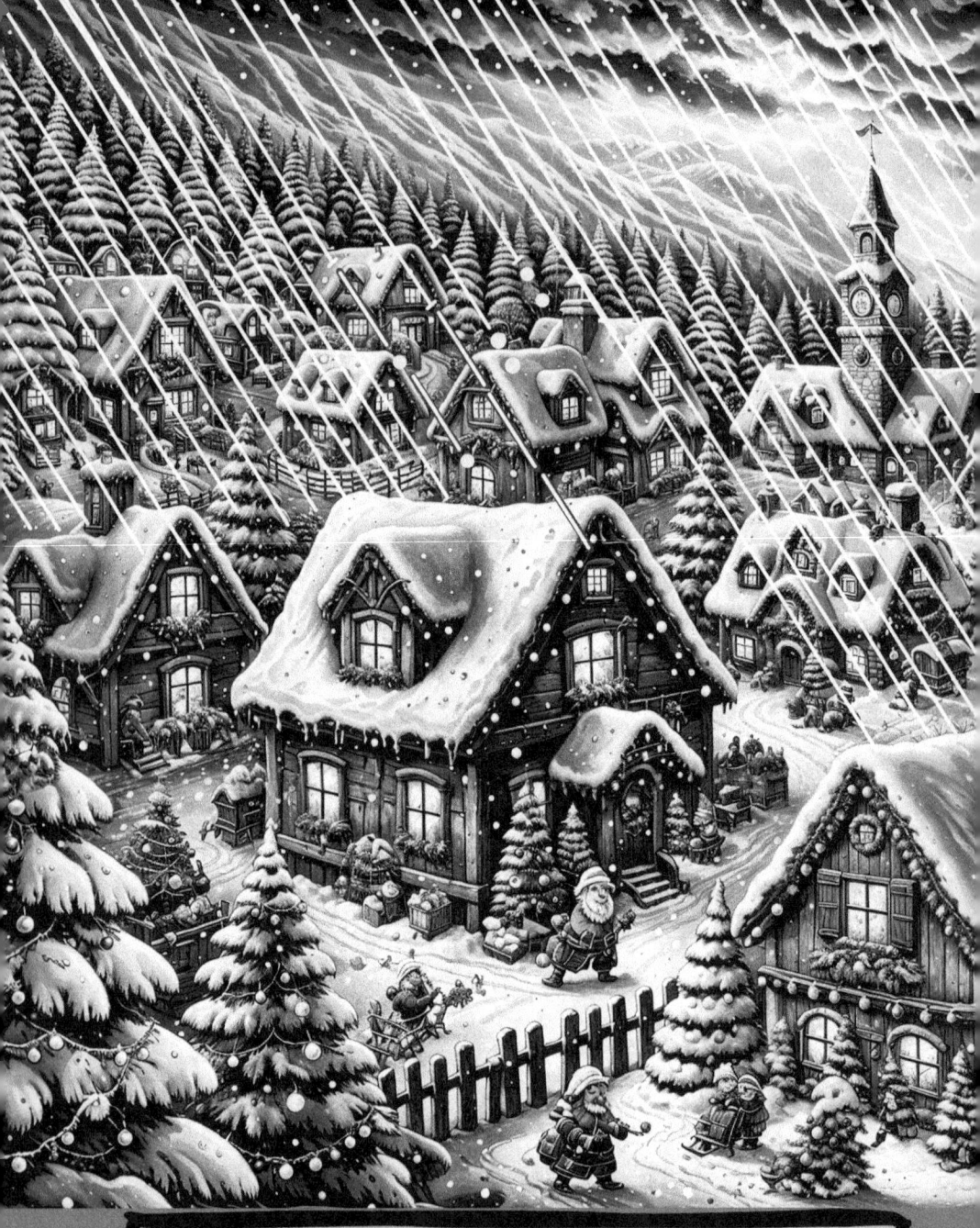

16. Dezember

Ein regnerischer Tag ist ein verlorener Tag, um unseren schelmischsten Elf zu finden.

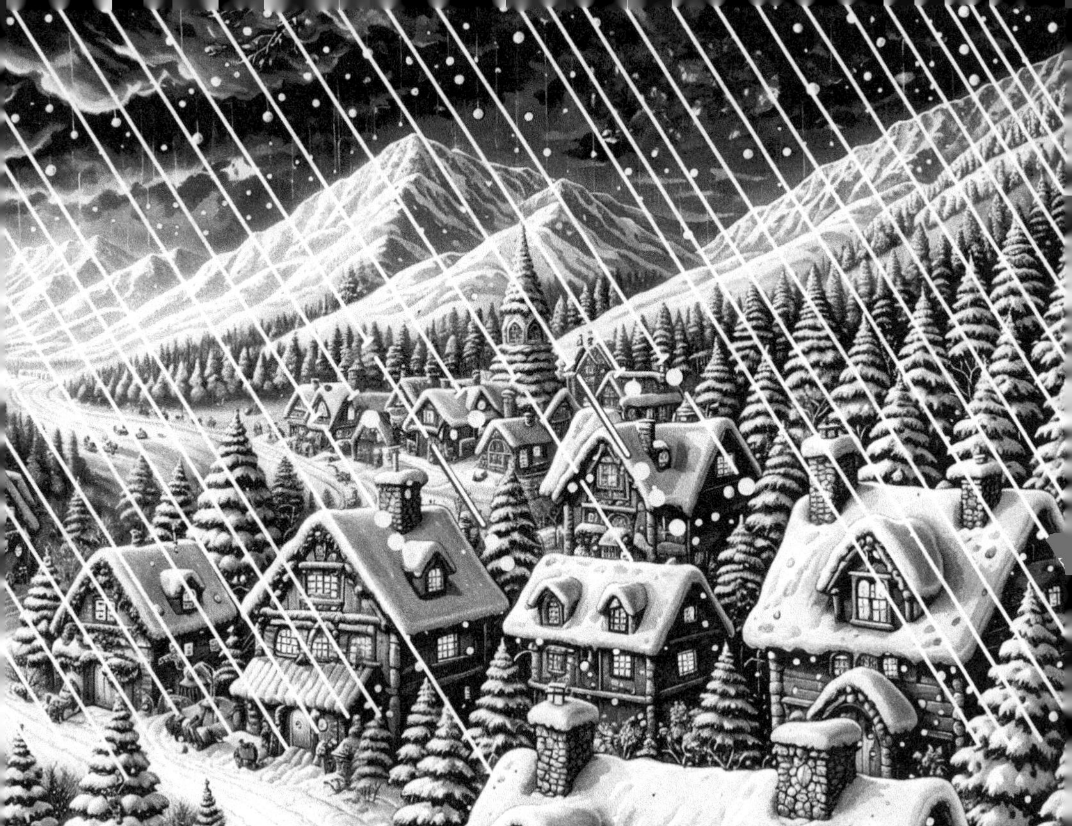

Lasst uns die Zeit optimal nutzen.

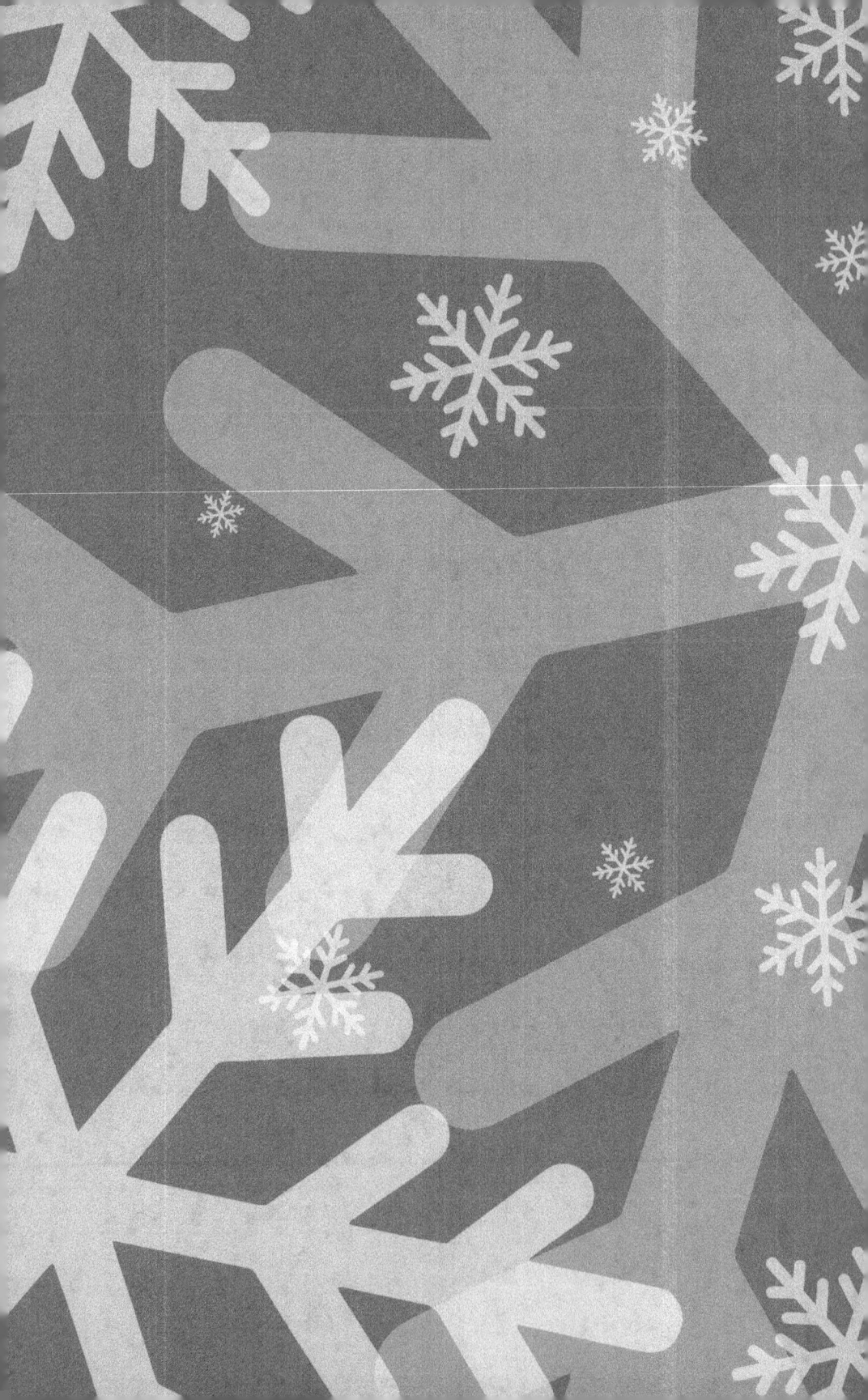

Kapitel 17

Der Regen hatte aufgehört und die ersten Sonnenstrahlen begannen schüchtern über den Horizont zu blicken und den Himmel in Rosa- und Goldtönen zu färben. Die frische Morgenluft brachte den sauberen und belebenden Duft nasser Erde mit sich. Der Weihnachtsmann lehnte sich aus dem Fenster seines Büros und lächelte, als er zusah, wie die Regentropfen über die Blätter der Bäume und die schneebedeckten Dächer glitten und im aufsteigenden Licht wie kleine Diamanten glänzten.

Das Dorf erwachte langsam nach dem Sturm. Die Elfen kamen aus ihren Häusern, streckten sich und begrüßten sich freudig, bereit, ihre täglichen Aufgaben in der Werkstatt wieder aufzunehmen. Aber der Weihnachtsmann hatte eine andere Mission im Sinn. Er musste Spitzbübisch finden, den kleinen Elf, der in den letzten Wochen im ganzen Dorf Ärger gemacht hatte.

Plötzlich fiel ihm ein, dass Spitzbübisch sich gern versteckte. Schon als junger Elfenlehrling hatte er immer gern Verstecken gespielt und die unerwartetsten und kreativsten Ecken gefunden, um sich zu verstecken.
Wenn der Elf nicht an den üblichen Stellen war, musste der Weihnachtsmann wie er denken, um ihn finden zu können. Er erinnerte sich, dass der kleine Elf hohe Stellen mochte, von denen er das ganze Dorf überblicken konnte, also suchte er ihn in einem der Verstecke des Dorfes, um zu sehen, ob er dort war.

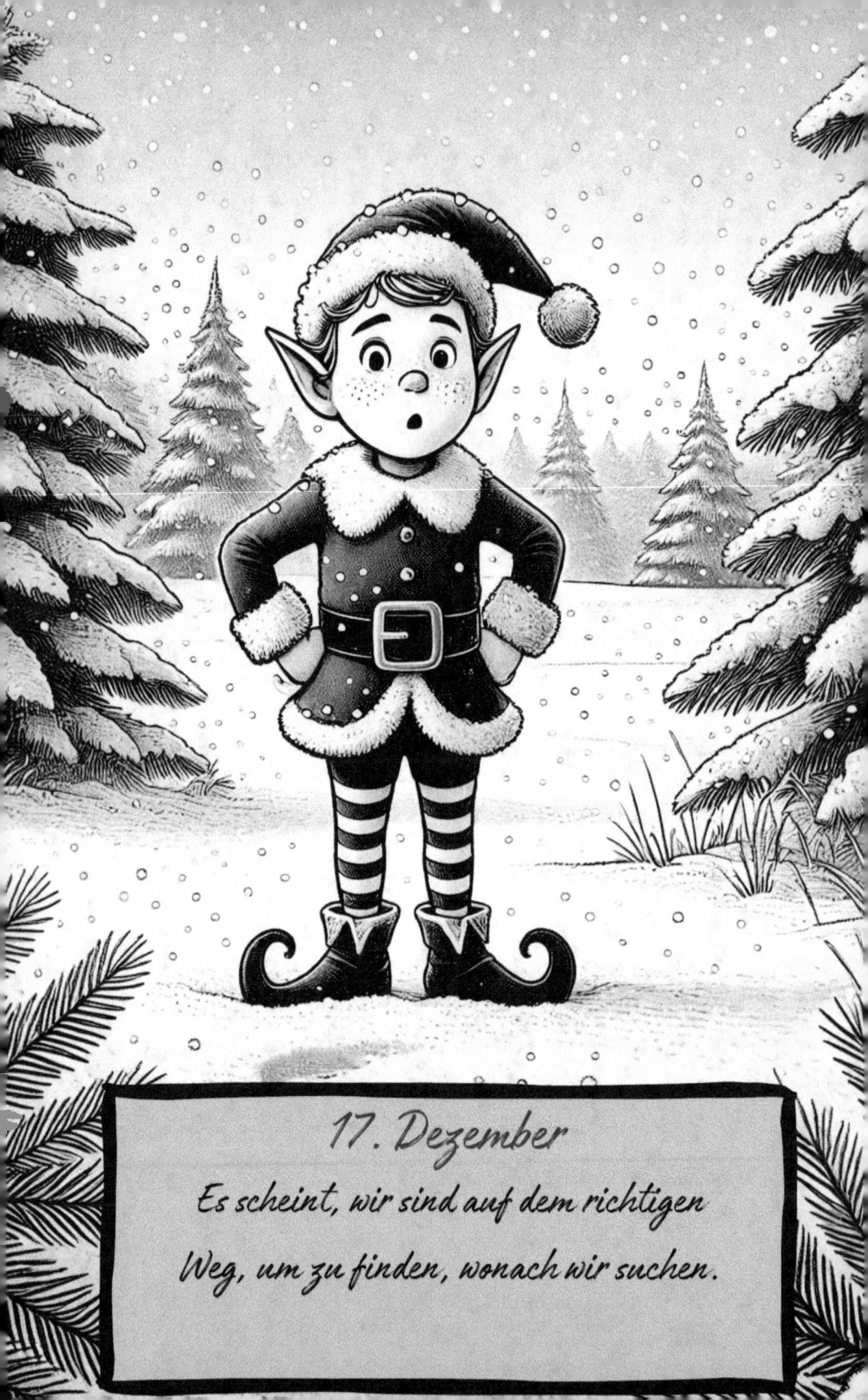

17. Dezember

Es scheint, wir sind auf dem richtigen Weg, um zu finden, wonach wir suchen.

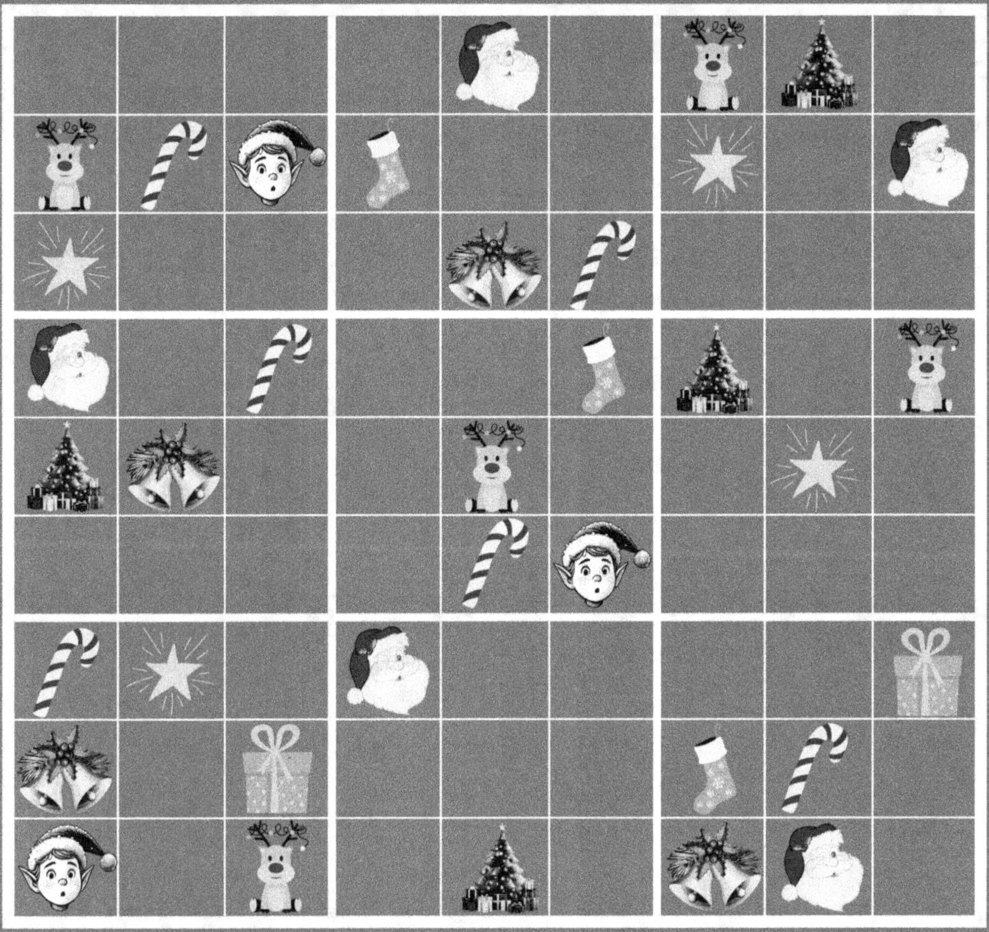

Finden Sie heraus, wo der Elf Spitzbübisch ist.

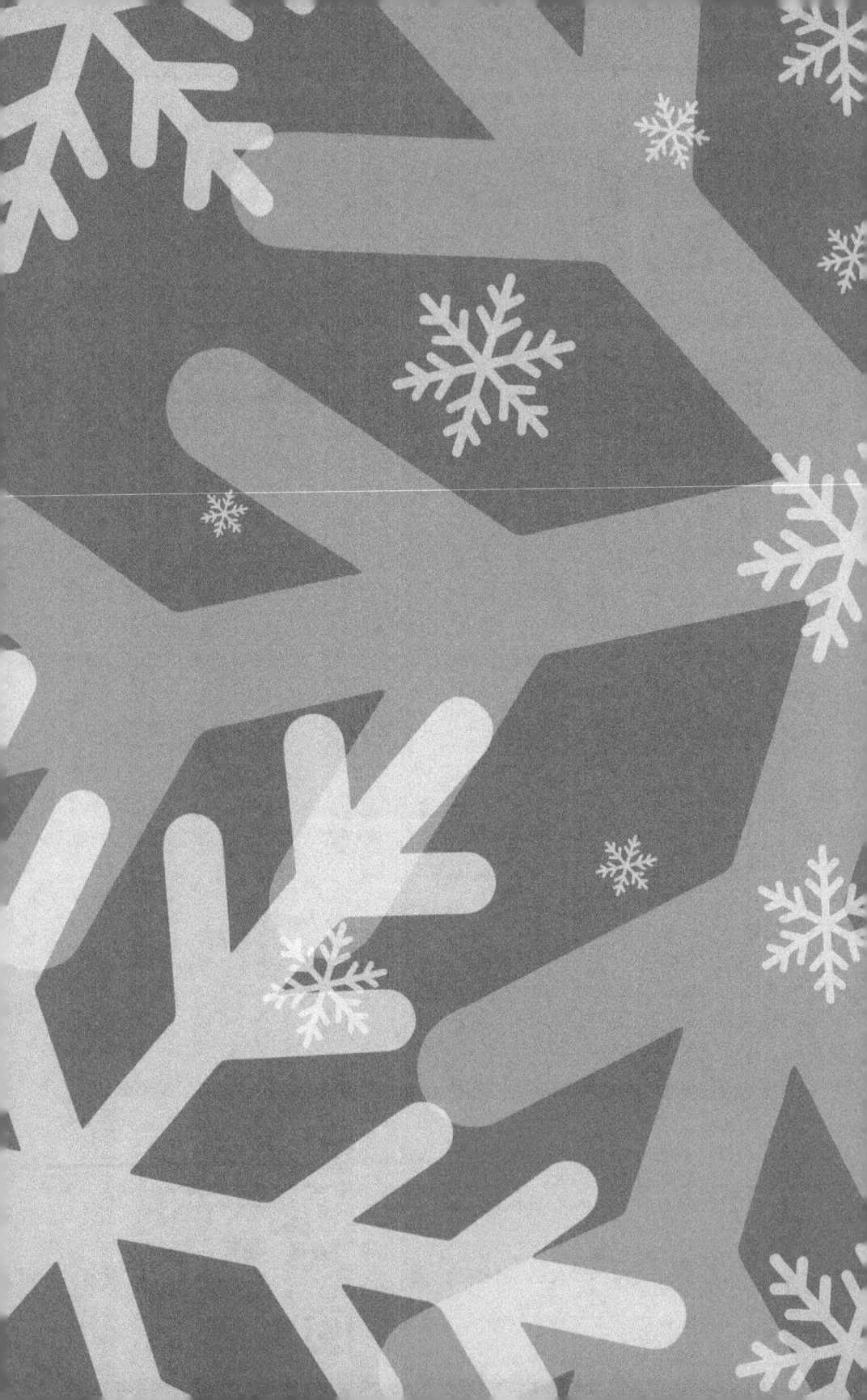

Kapitel 18

Der Weihnachtsmann hatte im ganzen Dorf nach Spitzbübisch gesucht und ihn schließlich auf einer Waldlichtung gefunden, wo er auf einem umgestürzten Baumstamm saß und kleine Steine in den zugefrorenen See warf. Der Weihnachtsmann versuchte ihn zu überreden, zu seinen Aufgaben in der Werkstatt zurückzukehren, aber der Elf lehnte ab und äußerte den Wunsch, etwas Lustigeres zu tun. Da er seinen Wettbewerbsgeist kannte, schlug der Weihnachtsmann eine Herausforderung vor: Wenn der Weihnachtsmann gewann, würde Spitzbübisch zur Arbeit zurückkehren; wenn Spitzbübisch gewann, konnte er sich den Tag frei nehmen.

Sie entschieden sich für ein Spiel, das im Dorf weit verbreitet war. Dabei musste man bis 1, 2 und 3 zählen und dann musste jeder Gegner eine Hand zeigen, die mit den Fingern ein Symbol bildete. Je nachdem, welches Symbol jeder Gegner zeigte, gewann oder verlor er.

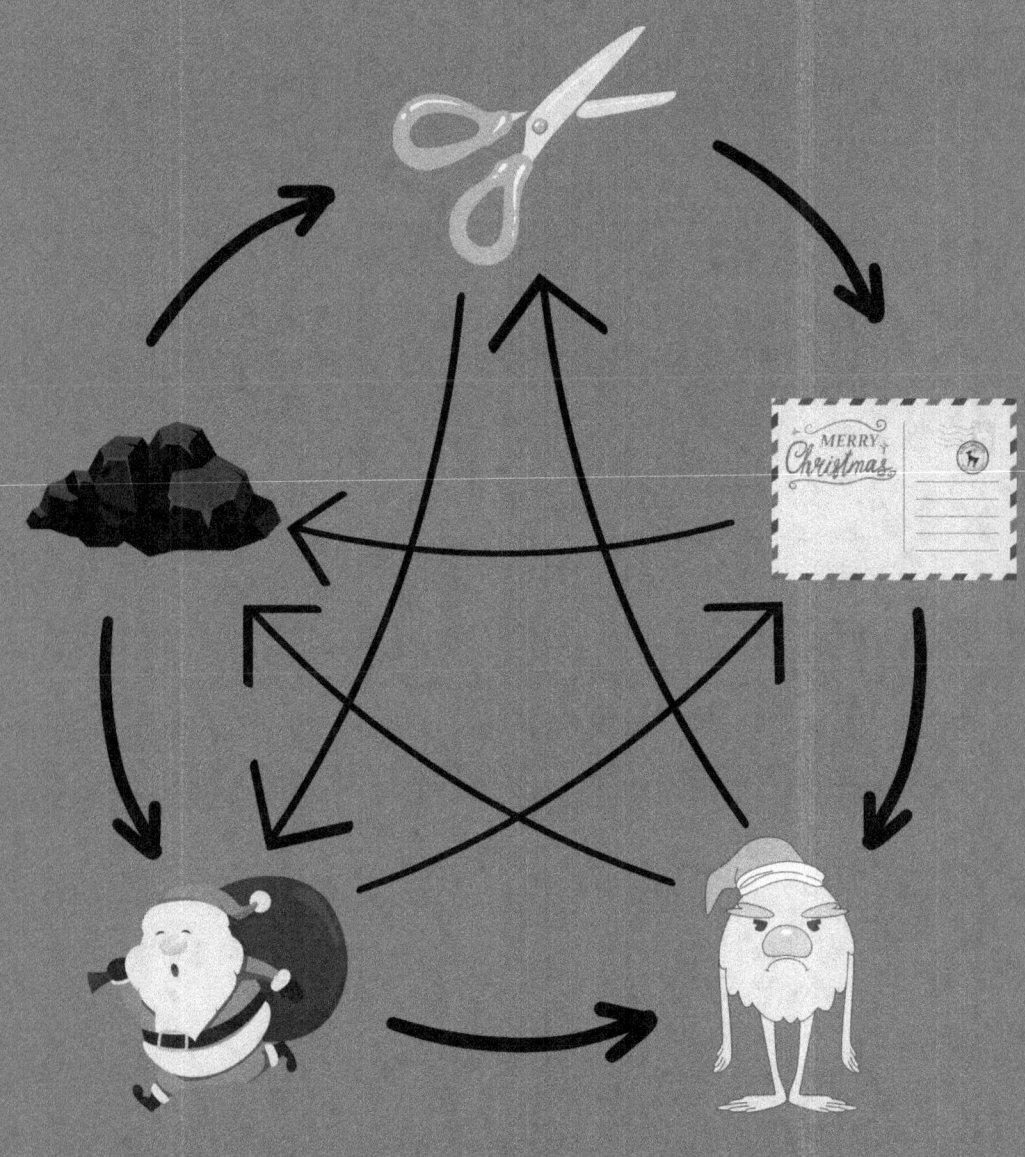

18. Dezember

Jedes Symbol schlägt 2 andere und verliert gegen 2.

Kohle, Karte, Schere, Weihnachtsmann und Grinch

- Kohle schlägt Schere.
- Schere schlägt Karte.
- Karte schlägt Kohle.
- Der Weihnachtsmann schlägt Card.
- Karte schlägt Grinch.
- Grinch schlägt Coal.
- Kohle schlägt den Weihnachtsmann.
- Der Grinch schlägt Scissors.
- Mit der Schere schlägt der Weihnachtsmann.
- Der Weihnachtsmann schlägt den Grinch.

Besiege den Elf, damit er zu seinen Aufgaben zurückkehrt.

Kapitel 19

Der Weihnachtsmann versammelte wieder einmal alle Elfen in der großen Halle der Werkstatt. Die Lichter funkelten heller als je zuvor und spiegelten sich in den goldenen und silbernen Ornamenten, die von der gewölbten Decke hingen. Die Atmosphäre war voller Aufregung und Vorfreude. Die Elfen, in ihren farbenfrohen Kostümen und mit begeisterten Lächeln, versammelten sich um den Weihnachtsmann und warteten gespannt auf seine Worte.

Unter ihnen war Spitzbübisch vollständig integriert und arbeitete mit mehr Hingabe als je zuvor. Sein grüner Hut mit Glöckchen klingelte im Rhythmus seiner Bewegungen und seine Augen funkelten vor Freude und Entschlossenheit. Er hatte seinen Unfug beiseite gelegt, um sich auf das zu konzentrieren, was wirklich zählte: die Zusammenarbeit mit seinen Elfenkollegen bei der größten Mission des Jahres.

Der Weihnachtsmann mit seiner imposanten Gestalt und dem freundlichen Gesicht hob die Hände, um um Ruhe zu bitten. Das Gemurmel verstummte und alle Anwesenden richteten ihre Aufmerksamkeit auf ihn.

Mit tiefer, warmer Stimme begann er, indem er erklärte, der Moment, auf den sie alle gewartet hätten, sei gekommen: Ihre Arbeit sei von entscheidender Bedeutung, um Kindern auf der ganzen Welt Freude und Hoffnung zu bringen.

Die Elfen nickten. Sie hatten Spielzeuge vorbereitet, Details verfeinert und sichergestellt, dass alles perfekt funktionierte. Aber es blieb noch eine grundlegende Aufgabe zu erledigen.

Wir müssen alle Geschenke einpacken und jeder von Ihnen muss sein Bestes geben.

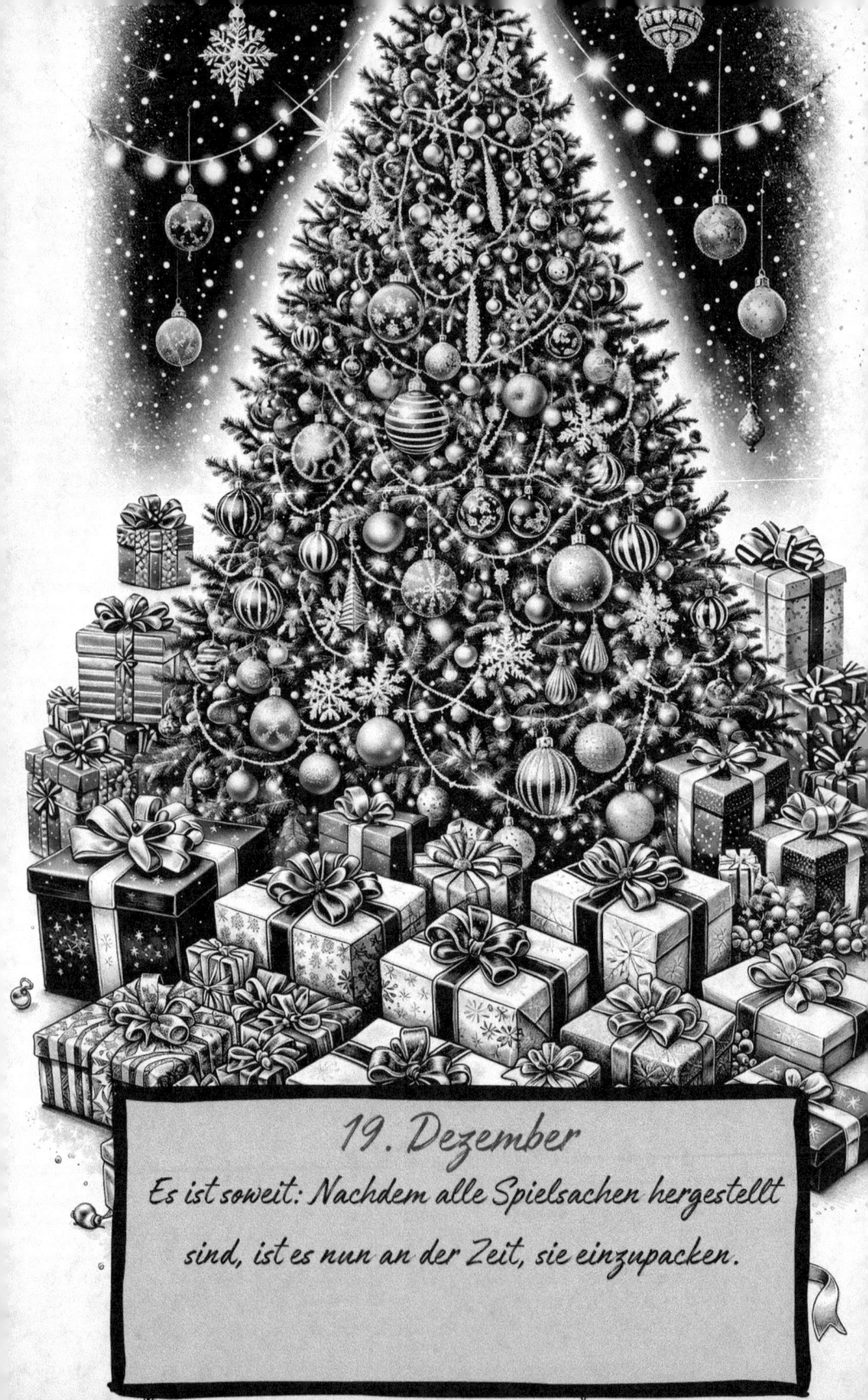

19. Dezember
Es ist soweit: Nachdem alle Spielsachen hergestellt sind, ist es nun an der Zeit, sie einzupacken.

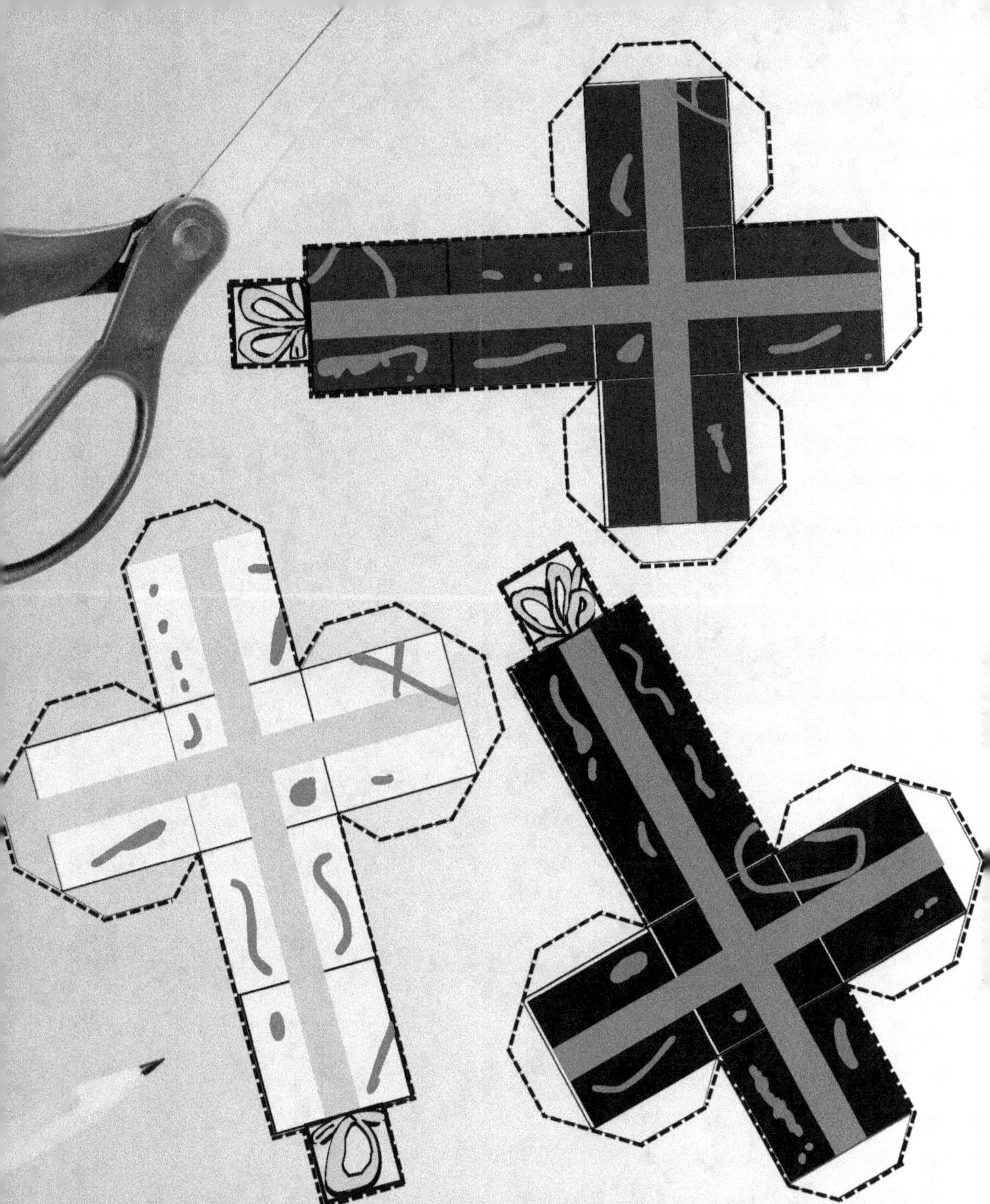

Es ist sehr wichtig, jedem Geschenk Zeit zu widmen, damit wir nicht vergessen, was wir tun.

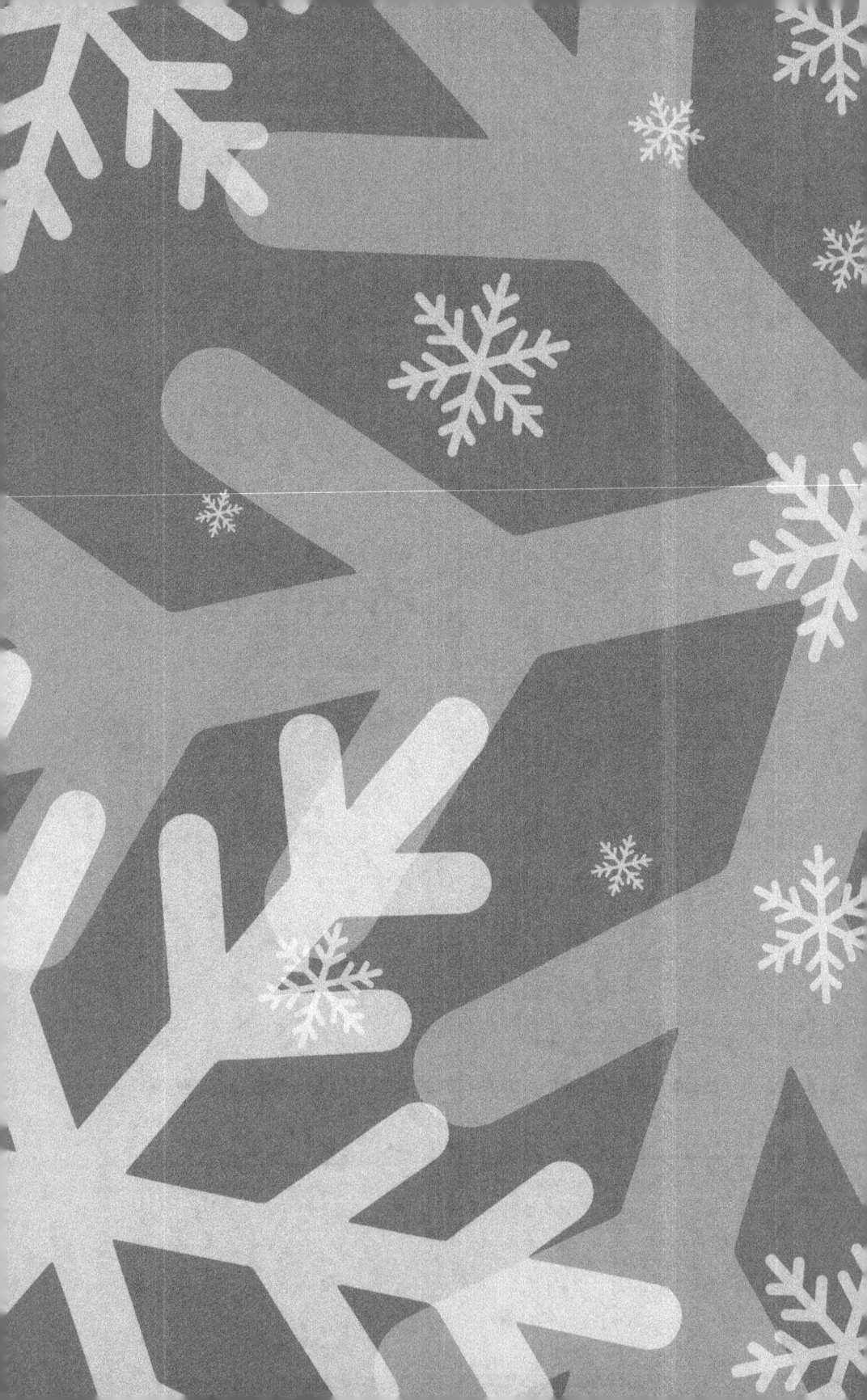

Kapitel 20

Die Elfen hatten die letzten Geschenke eingepackt. Die Werkstatt war voller bunter Pakete, glänzender Bänder und der Zufriedenheit über eine gut erledigte Arbeit. Sie bereiteten sich gerade darauf vor, mit einer Tasse heißer Schokolade zu feiern, als einem von ihnen etwas Ungewöhnliches auffiel.

—Sehen Sie sich das an! —rief er und hielt einen zerknitterten Brief hoch—. Da ist ein ungeöffneter Brief!

Alle versammelten sich neugierig um ihn. Der Brief war schlicht, aus beigem Papier und auf dem Umschlag standen weder Name noch Adresse. Er verriet auch nicht, welches Geschenk sich das Kind gewünscht hatte, und enthielt auch nicht die traditionelle Notiz über sein Verhalten im Laufe des Jahres.

Sie mussten ihre Kräfte bündeln, um sicherzustellen, dass das Kind sein Geschenk erhielt, herausfand, wer es war, woher es kam, welches Geschenk es sich wünschte und wie es aussah.
Sorgen Sie dafür, dass an Weihnachten kein braves Kind ohne Geschenk bleibt.

20. Dezember

Helfen Sie mit, sicherzustellen, dass niemand ohne sein Geschenk bleibt.

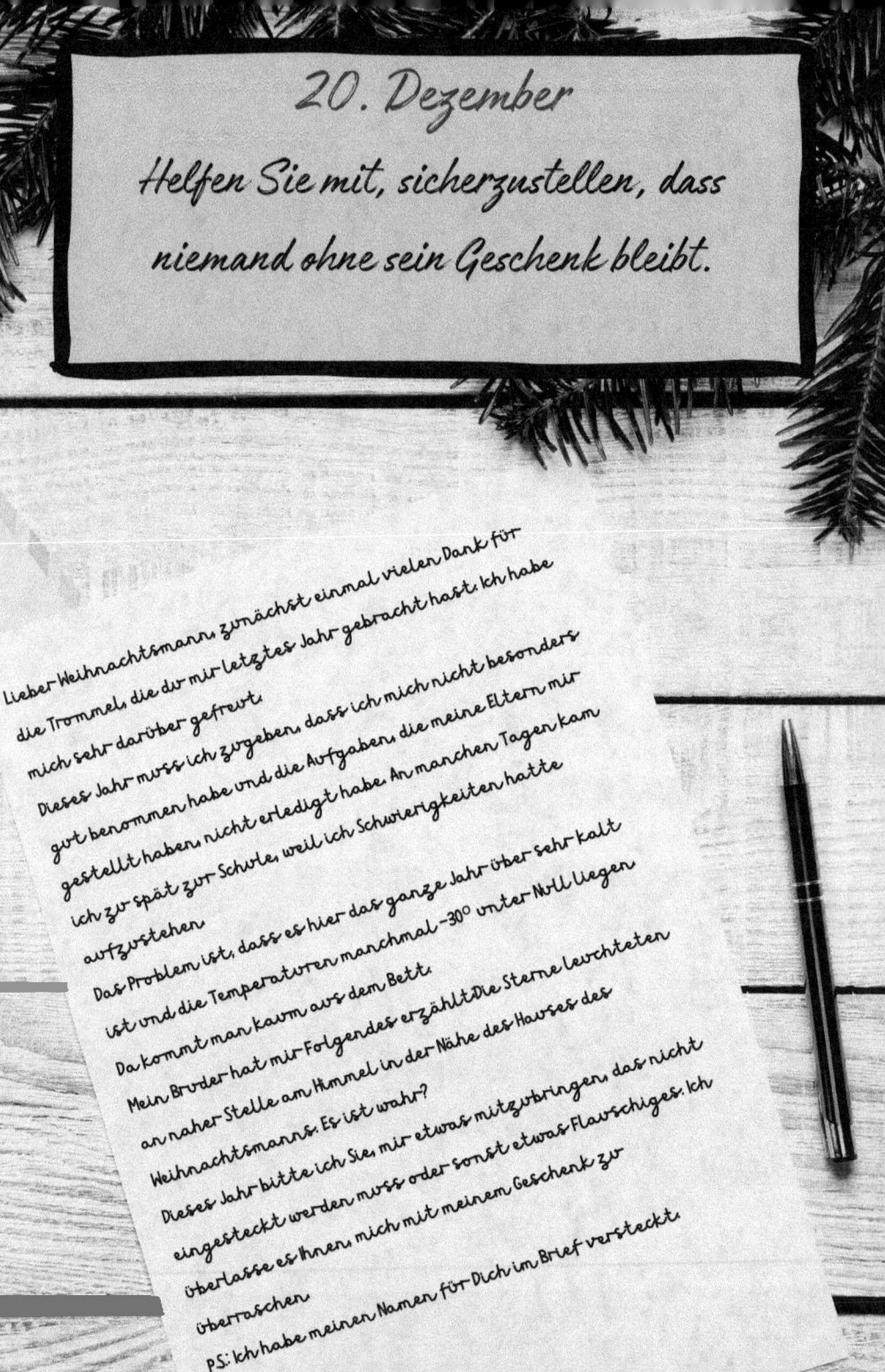

Lieber Weihnachtsmann, zunächst einmal vielen Dank für die Trommel, die du mir letztes Jahr gebracht hast. Ich habe mich sehr darüber gefreut.

Dieses Jahr muss ich zugeben, dass ich mich nicht besonders gut benommen habe und die Aufgaben, die meine Eltern mir gestellt haben, nicht erledigt habe. An manchen Tagen kam ich zu spät zur Schule, weil ich Schwierigkeiten hatte aufzustehen.

Das Problem ist, dass es hier das ganze Jahr über sehr kalt ist und die Temperaturen manchmal -30° unter Null liegen. Da kommt man kaum aus dem Bett.

Mein Bruder hat mir Folgendes erzählt: Die Sterne leuchteten an naher Stelle am Himmel in der Nähe des Hauses des Weihnachtsmanns. Es ist wahr?

Dieses Jahr bitte ich Sie, mir etwas mitzubringen, das nicht eingesteckt werden muss oder sonst etwas Flauschiges. Ich überlasse es Ihnen, mich mit meinem Geschenk zu überraschen.

P.S: Ich habe meinen Namen für Dich im Brief versteckt.

Vielen Dank für alles.   XXX

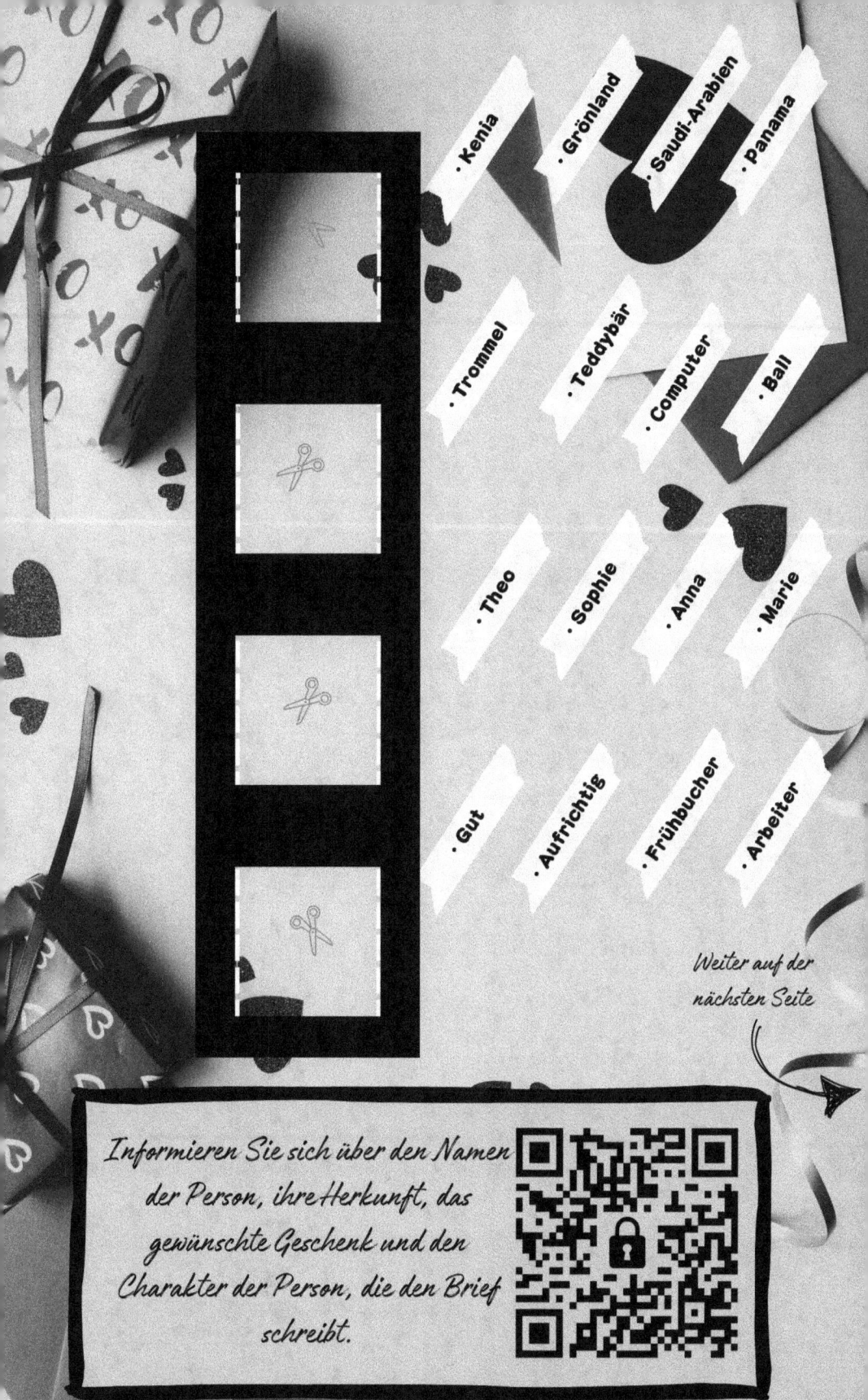

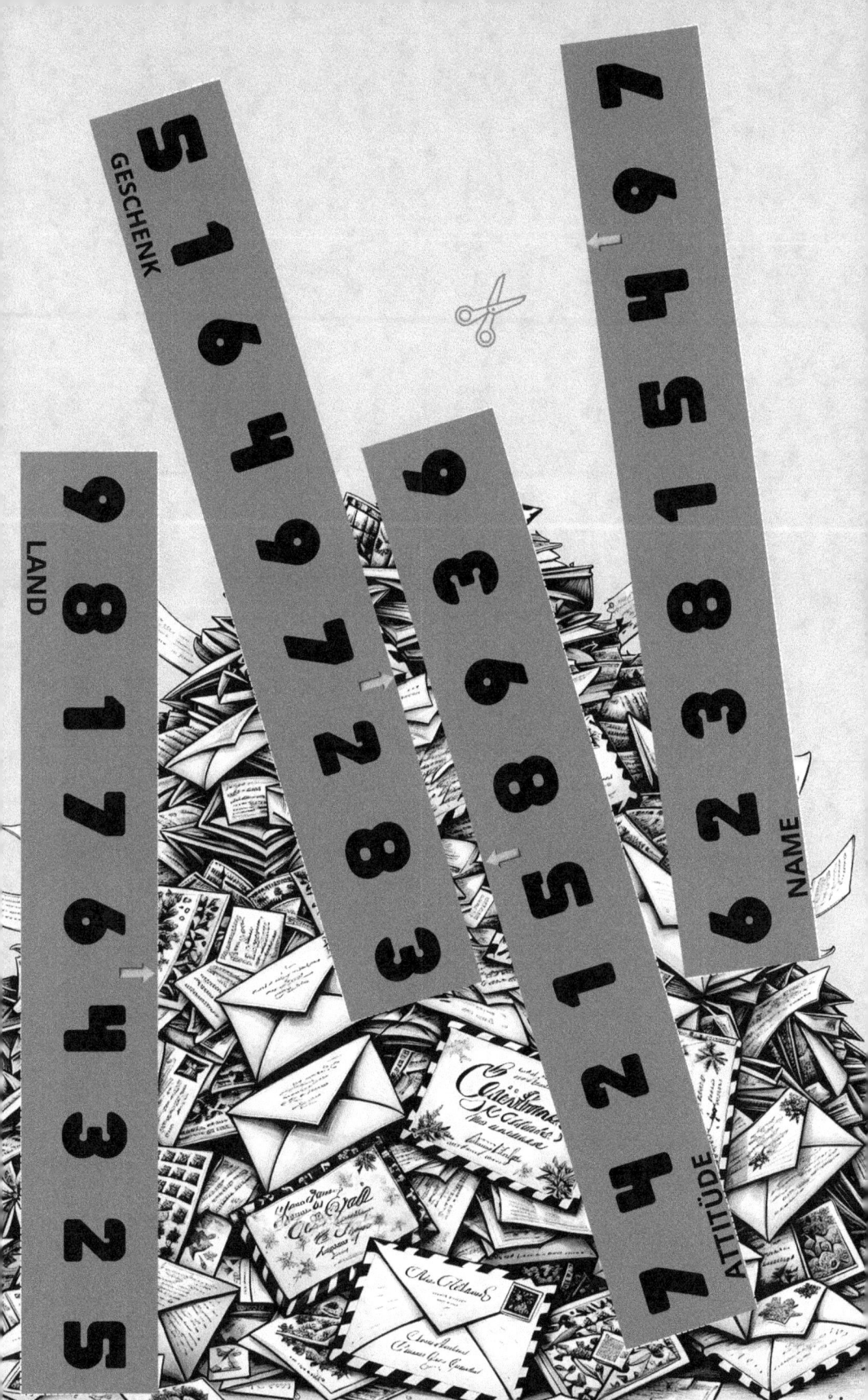

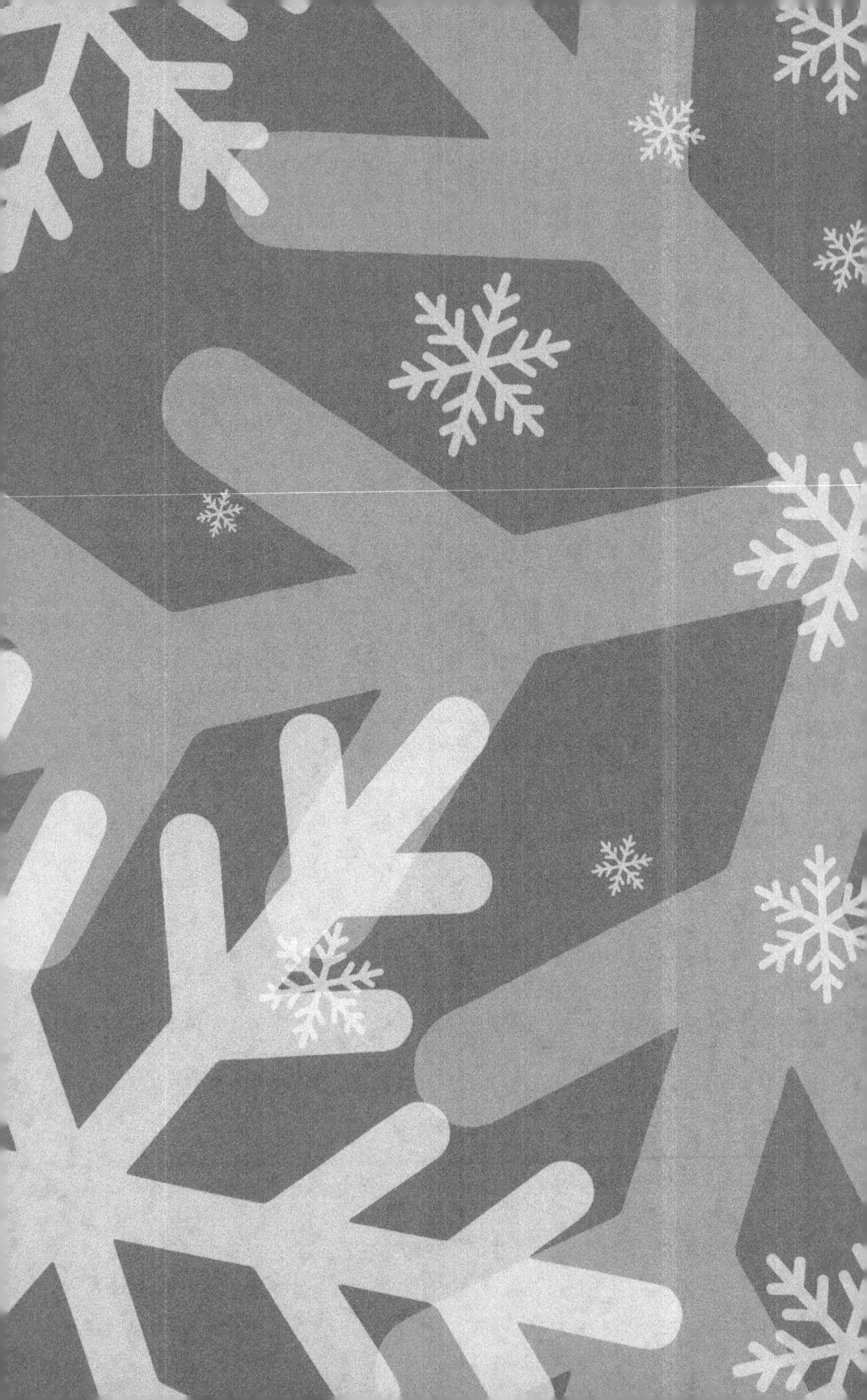

Kapitel 21

Alle Geschenke waren sorgfältig vorbereitet, in buntes Papier eingewickelt und mit Schleifen geschmückt, die im Sternenlicht schimmerten. Jedes Paket trug ein Etikett mit dem Namen eines Kindes und war bereit, in der magischen Weihnachtsnacht ausgeliefert zu werden. Der große rote Sack des Weihnachtsmanns, bis zum Rand gefüllt, wurde sorgfältig in den Schlitten gelegt, der dank der sorgfältigen Polierarbeit der Elfen in goldenen und silbernen Schimmern glänzte.

Die Rentiere, die vor dem Schlitten aufgereiht waren, zuckten ungeduldig mit den Ohren und schüttelten ihre Glöckchen. Ihre Geschirre waren mit Schellen und Bändern geschmückt und ihre Augen spiegelten die Aufregung über die bevorstehende Reise um die Welt wider. Doch bevor sie abheben konnten, war noch ein letzter, wesentlicher Schritt nötig: die magische Zeremonie, die es ihnen ermöglichen würde, mit Leichtigkeit und Geschwindigkeit durch die Lüfte zu schweben.

Die Elfen versammelten sich im großen Hof vor der Werkstatt und bildeten einen Kreis um das Rentier und den Schlitten. Sie trugen ihre schönste Festtagskleidung: Hüte mit Pompons, bunte Schals und handgestrickte Handschuhe. In ihren Händen hielten sie kleine Kerzen, die ihre lächelnden Gesichter voller Vorfreude erhellten. Die Atmosphäre war voller Aufregung und einem leisen Gemurmel aus Flüstern und unterdrücktem Lachen.

Es war Zeit, die uralte Melodie zu erklingen, die den Rentieren die Kraft zum Fliegen verlieh.

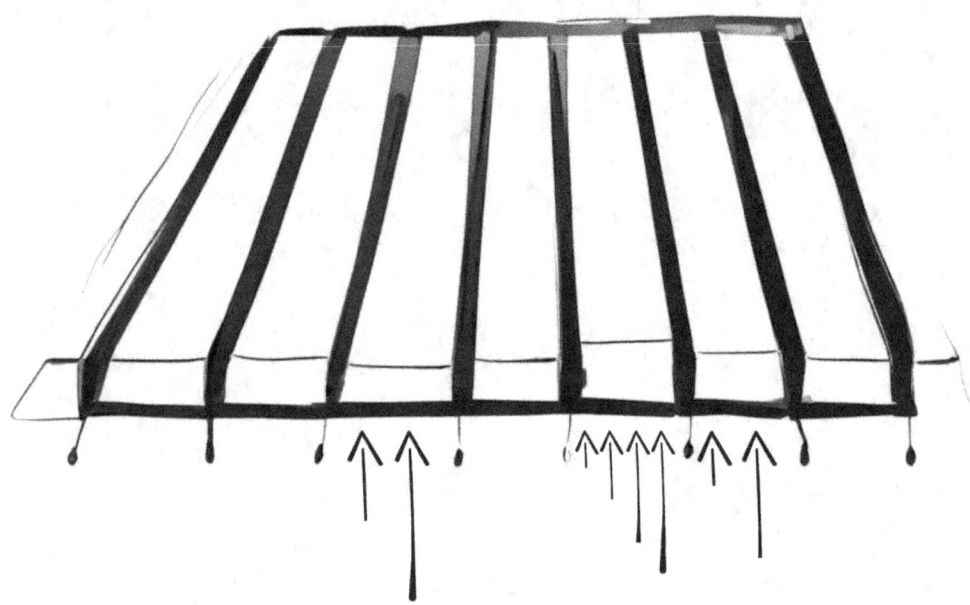

21. Dezember
Spielen Sie die alte Melodie, die die Rentiere zum Fliegen bringt.

2

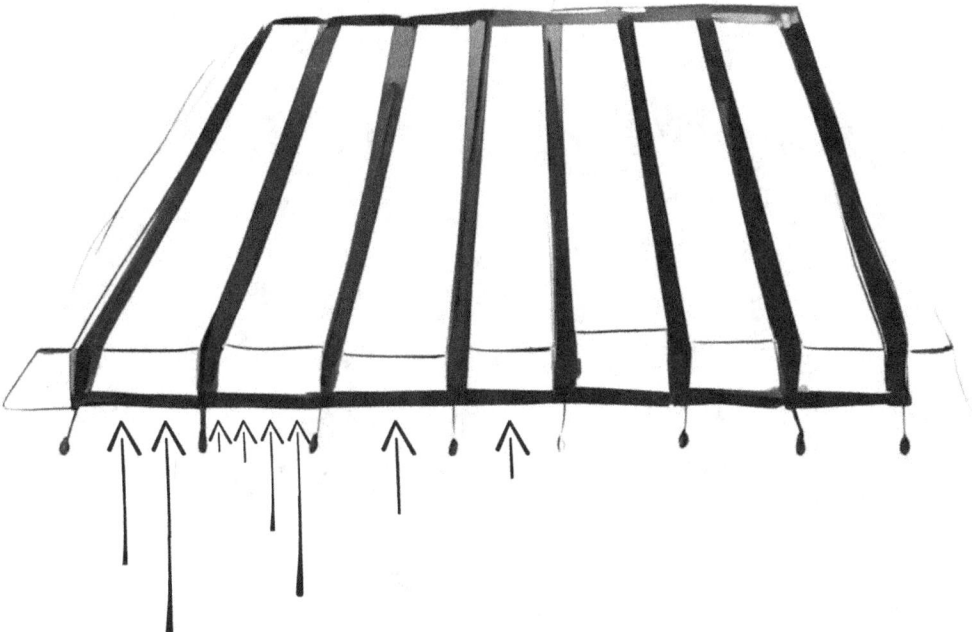

Wir müssen die Rentiere fliegen lassen, damit sie alle Häuser erreichen können, in denen die Kinder auf ihre Geschenke warten.

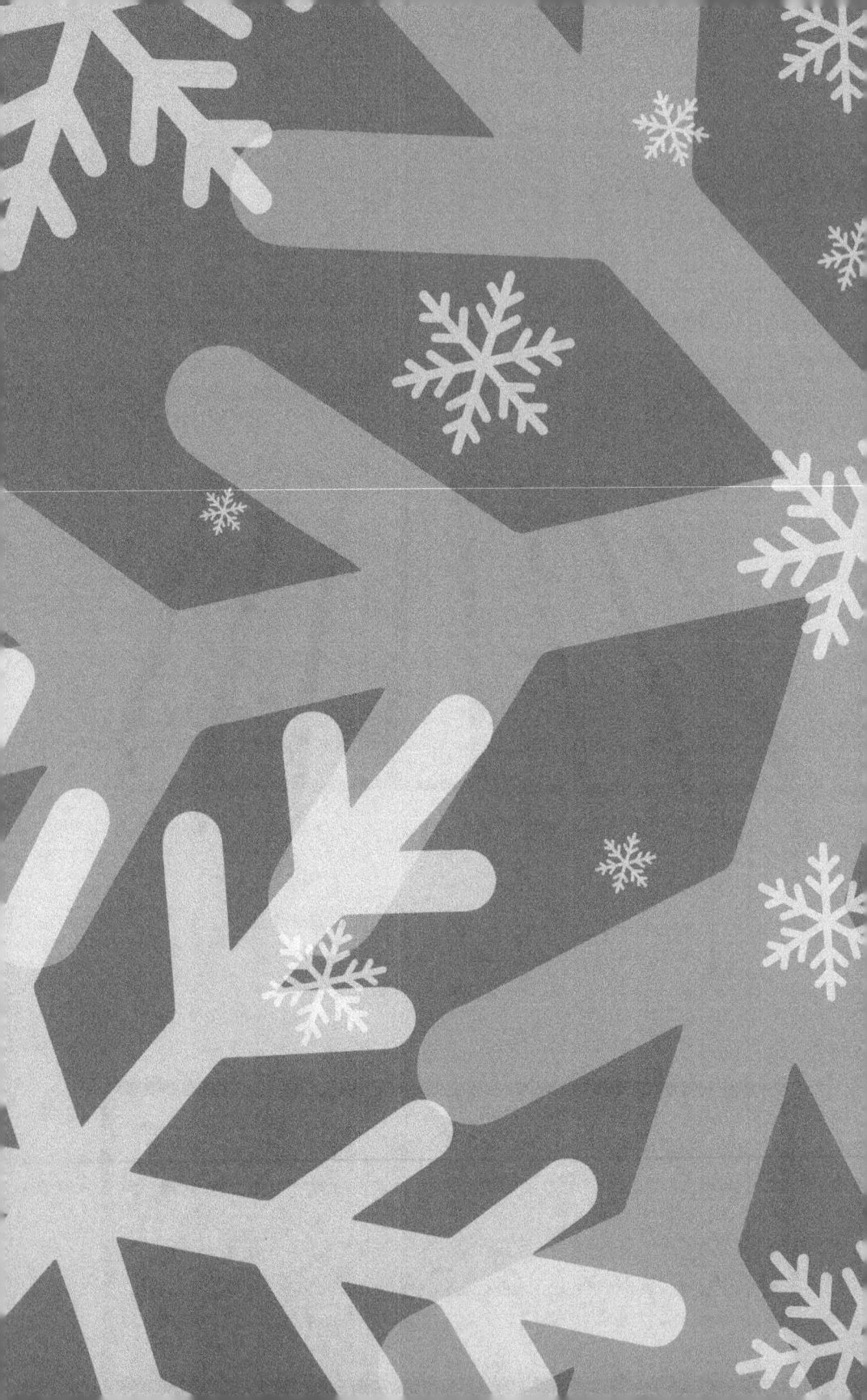

Kapitel 22

Der Weihnachtsmann machte sich mit seinen Rentieren auf den Weg und erfüllte den Nachthimmel mit dem Klingeln der Glöckchen und der Magie der Weihnacht. Er war auf dem Weg, um alle glücklich zu machen, so wie er es jedes Jahr tat. Doch unerwarteterweise war die Abkürzung, die er normalerweise nahm, um alle Häuser pünktlich zu erreichen, unerklärlicherweise verschwunden. Die Sterne, die ihm normalerweise den Weg wiesen, schienen an anderen Positionen zu stehen, und die vertrauten Sternbilder waren von dichtem Nebel verdeckt, der aus dem Nichts aufgestiegen war.

Die Rentiere wurden unruhig, besonders Rudolf, dessen leuchtend rote Nase den Nebel kaum durchdringen konnte. Als der Weihnachtsmann merkte, was geschah, war es zu spät. Sie hatten sich verirrt, und die Welt unter ihnen war ein dunkler, unbekannter Mantel. Der Schlitten flog ohne klare Richtung, und in den Herzen aller machte sich Sorge breit.

Hilf dem Weihnachtsmann, den Weg zu finden.

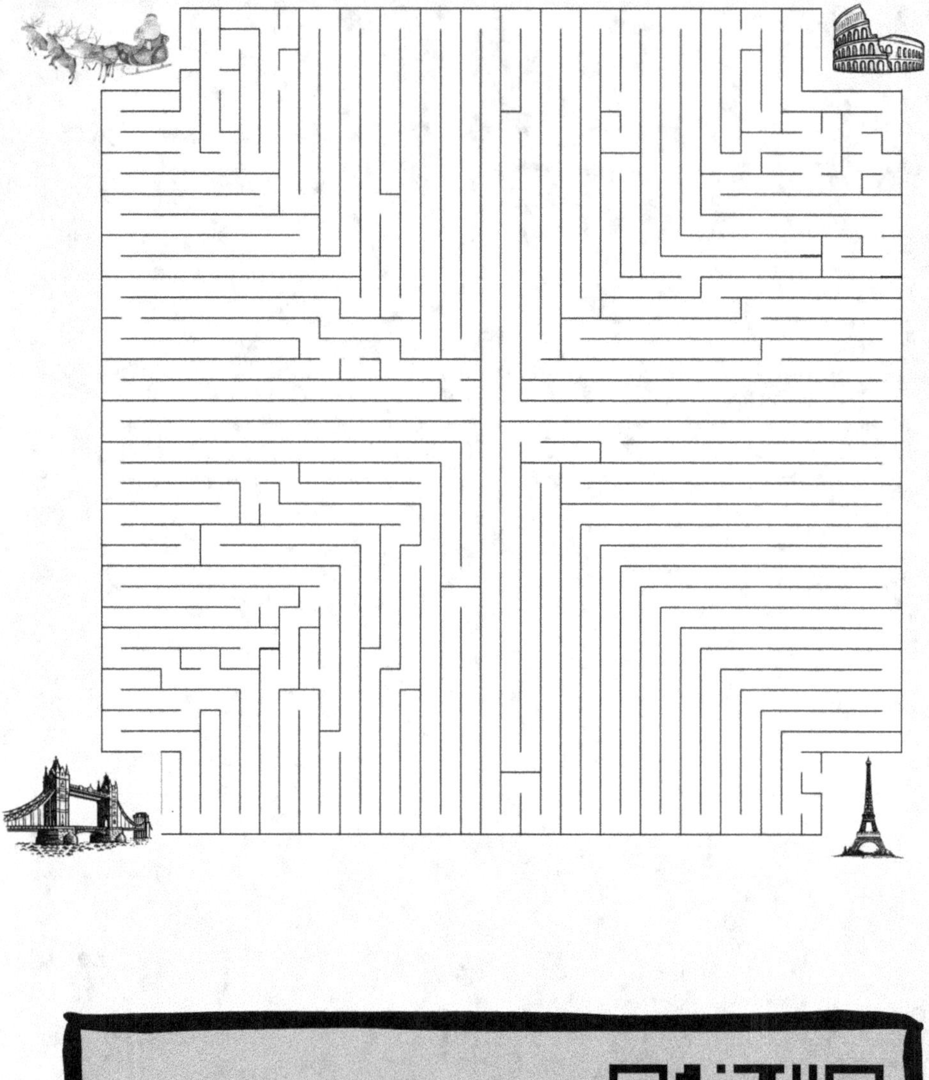

22. Dezember
Wohin geht der Weihnachtsmann?

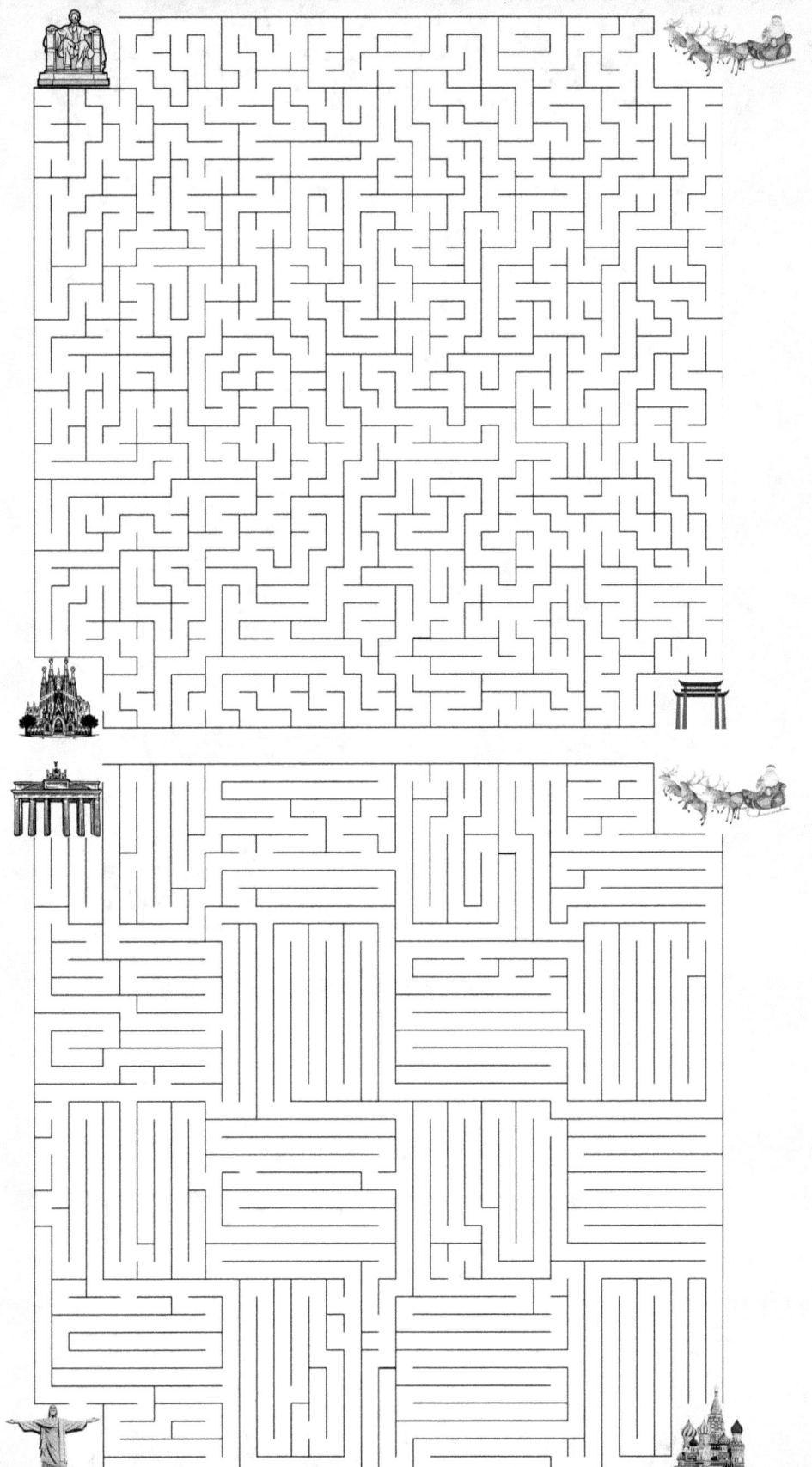

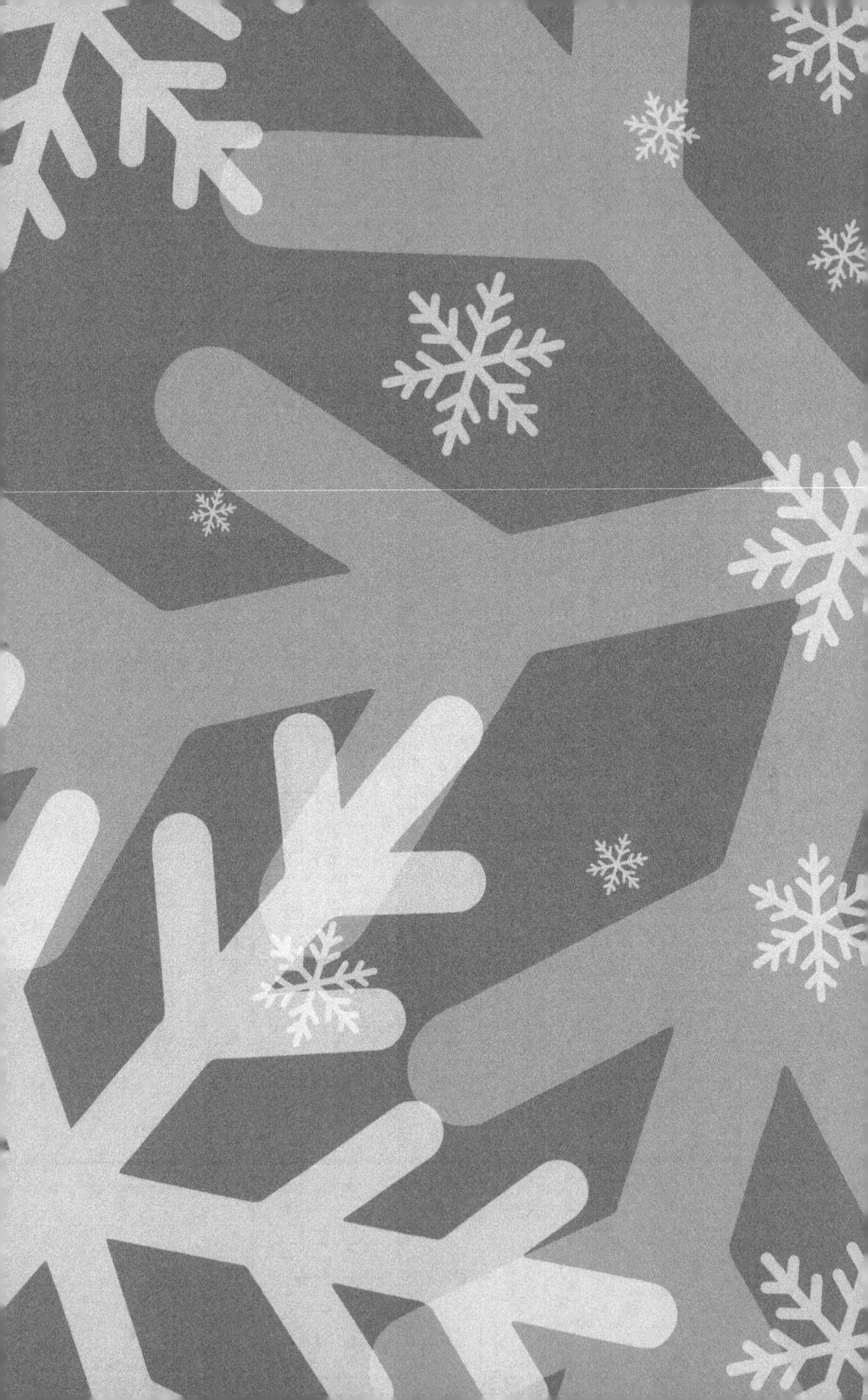

Kapitel 23

Der Weihnachtsmann hatte den Weg gefunden. Mit neuer Begeisterung begann er, allen Kindern Geschenke unter dem Weihnachtsbaum zu hinterlassen. Der Schlitten flog anmutig durch den Sternenhimmel und die Rentiere schwebten voller Energie durch die Wolken, als wären sie Teil des Windes.

Jetzt hatte er eine neue Mission. Trotz all seiner Jahre und Erfahrung war es immer die größte Herausforderung gewesen, in Schornsteine hinein- und wieder hinauszuklettern. Glücklicherweise half ihm die Schwerkraft immer, sanft in das warme Zuhause hinunterzugleiten. Der Aufstieg hingegen war eine anstrengendere Aufgabe, vor allem nachdem er die leckeren Kekse und die Milch genossen hatte, die die Kinder ihm als Zeichen der Wertschätzung dagelassen hatten.

Diesmal blieb er vor einem Haus stehen, das aussah, als stamme es direkt aus einem Märchen. Die Lichter funkelten in den Fenstern und ein Stechpalmenkranz schmückte die Haustür. Als er jedoch vom Dach in den Schornstein blickte, bemerkte der Weihnachtsmann etwas Ungewöhnliches.

—Puh, dieser Schornstein ist aber viel zu lang und schmal — murmelte er und kratzte sich den weißen Bart —. Das wird eine interessante Herausforderung.

Unbeirrt beschloss er, sich auf den Abstieg vorzubereiten. Er schnallte seinen Gürtel enger, vergewisserte sich, dass der Sack mit den Geschenken gut befestigt war, und atmete die kalte Luft tief ein.

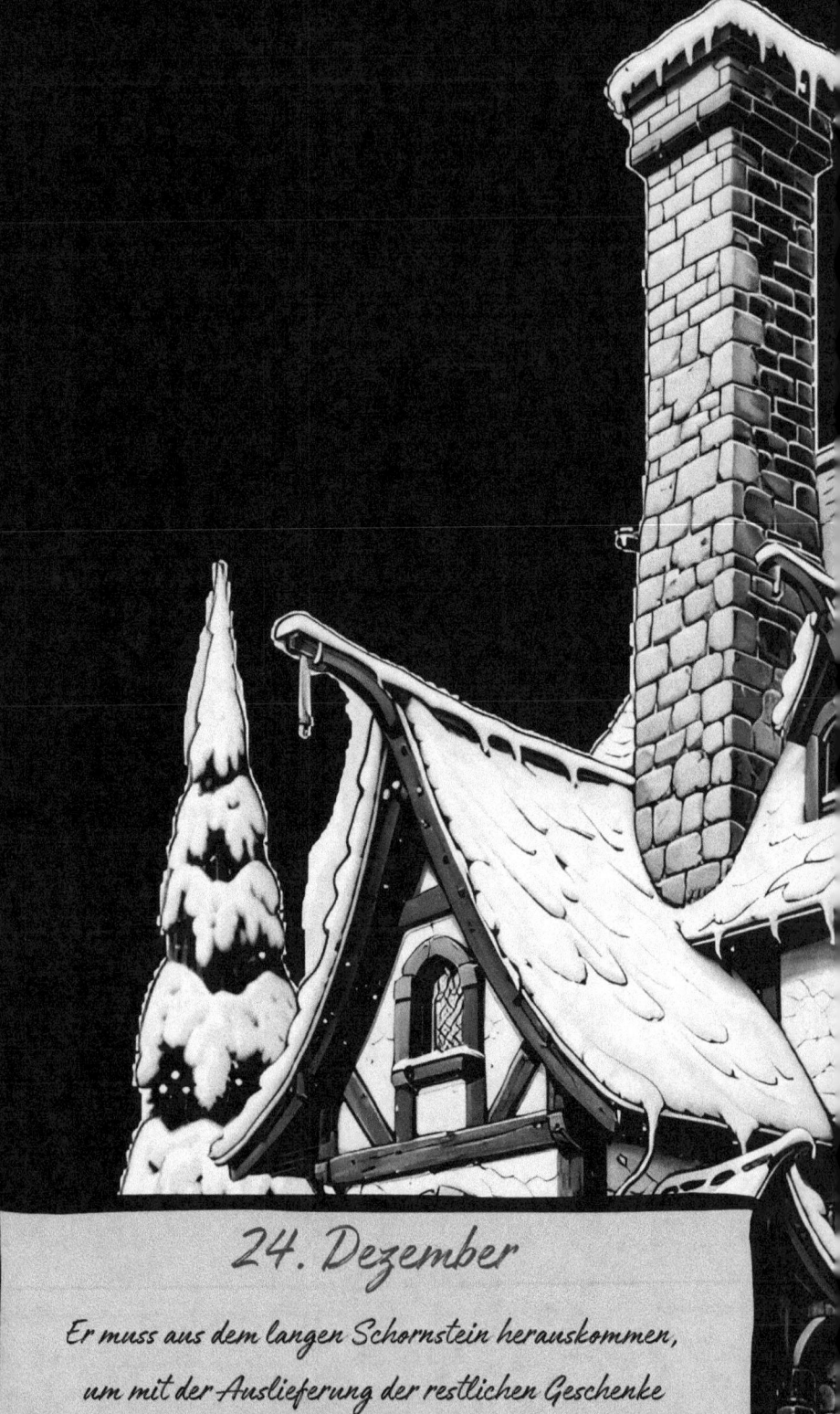

24. Dezember

Er muss aus dem langen Schornstein herauskommen, um mit der Auslieferung der restlichen Geschenke fortfahren zu können.

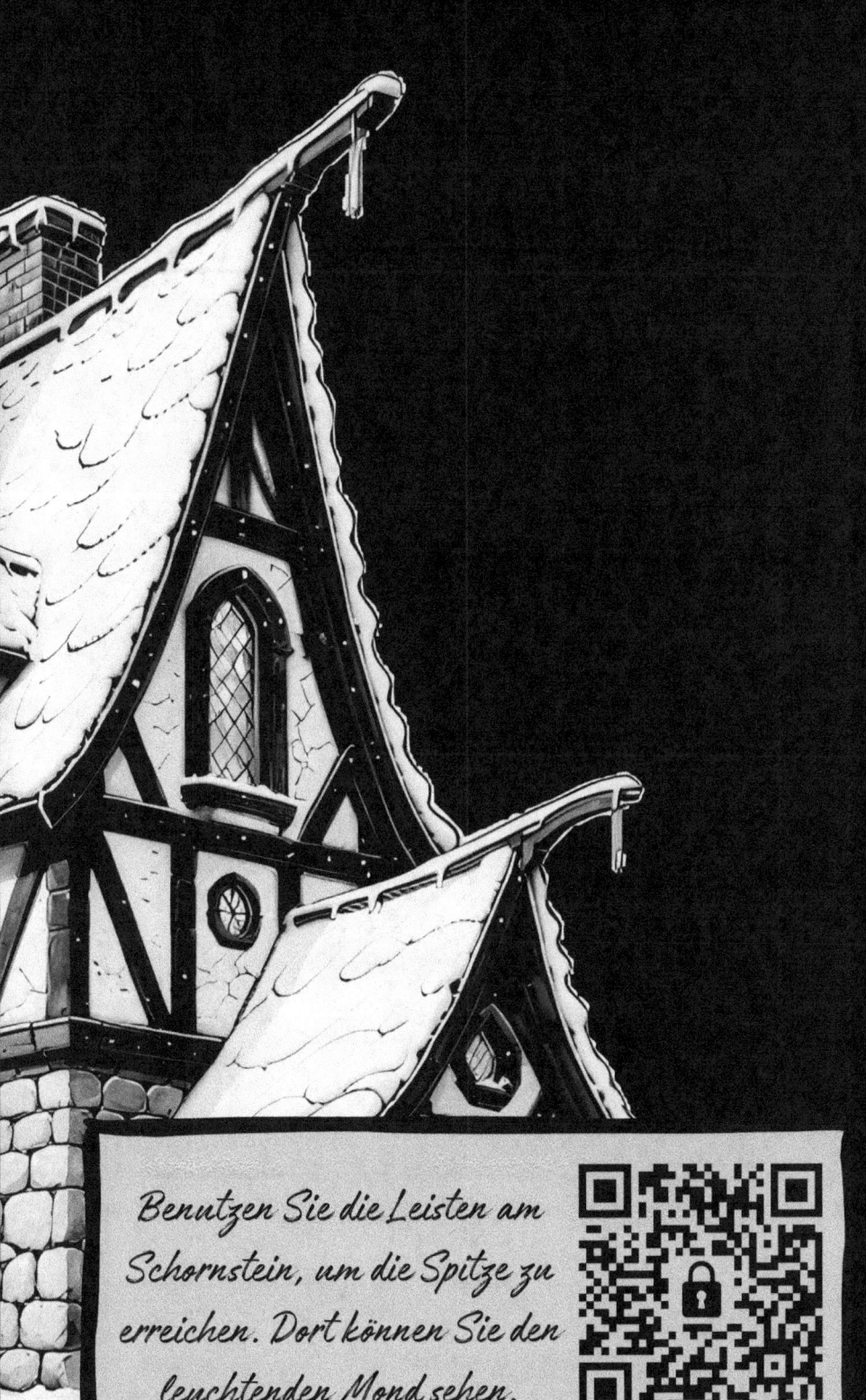

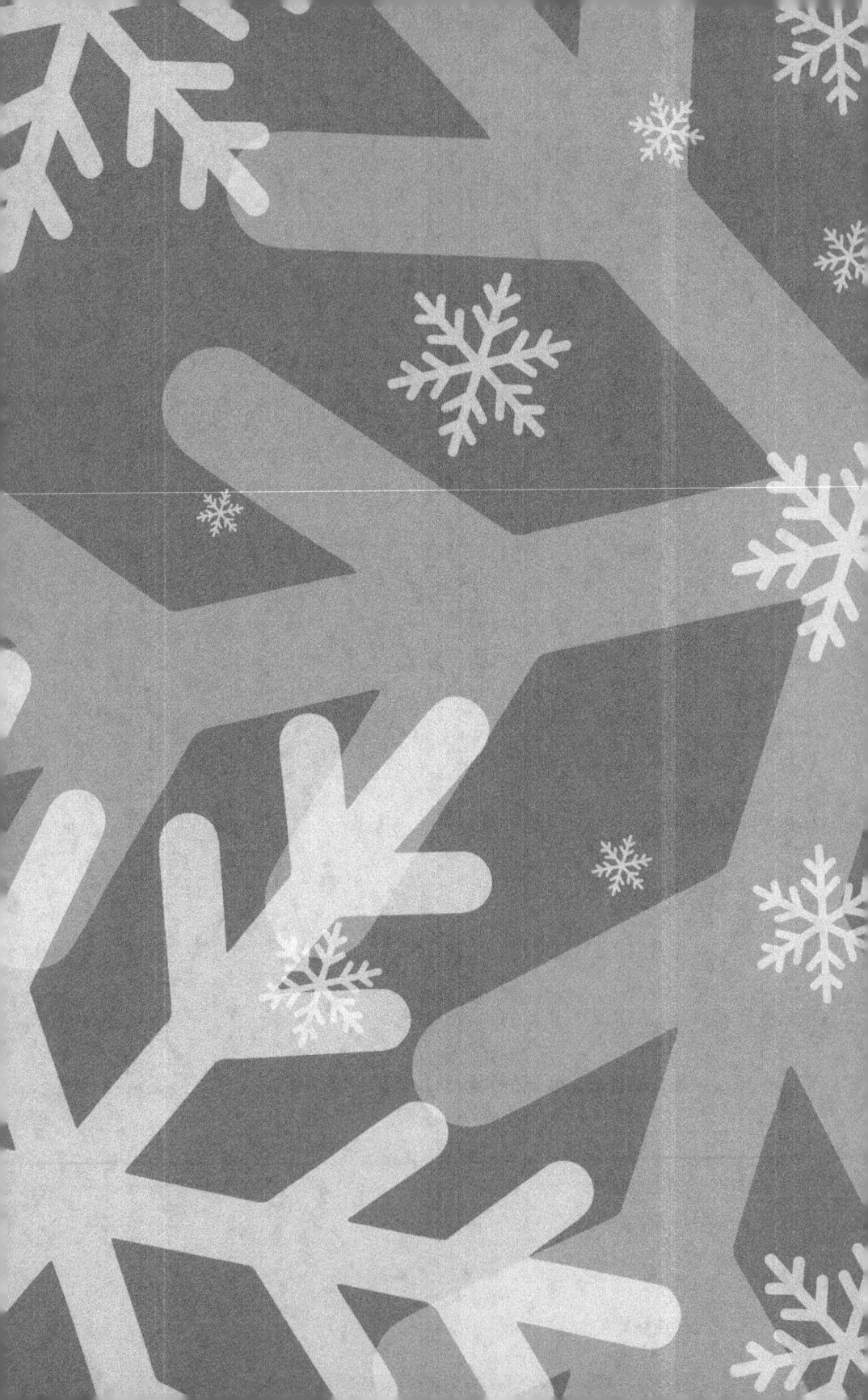

Kapitel 24

Der Weihnachtsmann war mit der Auslieferung aller Geschenke sehr zufrieden und machte sich auf den Weg zurück zum Nordpol. Die Rentiere waren zwar müde, aber voller Freude und Energie, weil sie ihre wichtige Mission wieder einmal erfüllt hatten. Der Schlitten war nun leichter und bereit, durch den Nachthimmel nach Hause zu schweben. Als er in den Schlitten stieg, holte der Weihnachtsmann die magische Karte hervor, die ihm immer den Wegweiser auf der Rückreise zeigte. Als er sie jedoch auseinanderfaltete, stellte er fest, dass die Wegbeschreibung durch den heftigen Schneefall der Nacht ausgelöscht worden war. Die mit goldenen Linien markierten Pfade waren verschwunden und das Pergament zeigte nur einen strahlend weißen Hintergrund.

Glücklicherweise erinnerte sich der Weihnachtsmann an mehrere Punkte, die er passieren würde.

- Zunächst beginnen wir im Land der Kängurus.
- Als nächstes müssen wir das Land der aufgehenden Sonne durchqueren.
- Anschließend fliegen wir über die alte Hauptstadt des Osmanischen Reiches.
- Danach wenden wir und nähern uns dem bedeutendsten Schifffahrtskanal, der mehrere Kontinente trennt.
- Nach diesem kleinen Ausflug geht es weiter zum höchsten Punkt der Erde, wo es recht kühl sein wird.
- Von der Kälte in die Hitze geht es in die nächstgelegene Wüste, eine der größten der Welt.
- Und aus der großen Hitze schöpfen wir einiges an Energie, denn bis wir das Gebiet der Großen Seen erreichen, brauchen wir eine ganze Weile.
- Nach einer Rast an den Seen gehen wir zu der unsichtbaren Linie, die das Land in zwei gleiche Teile teilt.
- Als wir an dieser Grenze sind, beschließen wir, zu einem wunderschönen See zu gehen, der diese Grenze kreuzt.
- Schließlich erreichen wir diesen See auf geradem Weg unser verschneites Dorf, wo wir die Nordlichter sehen.

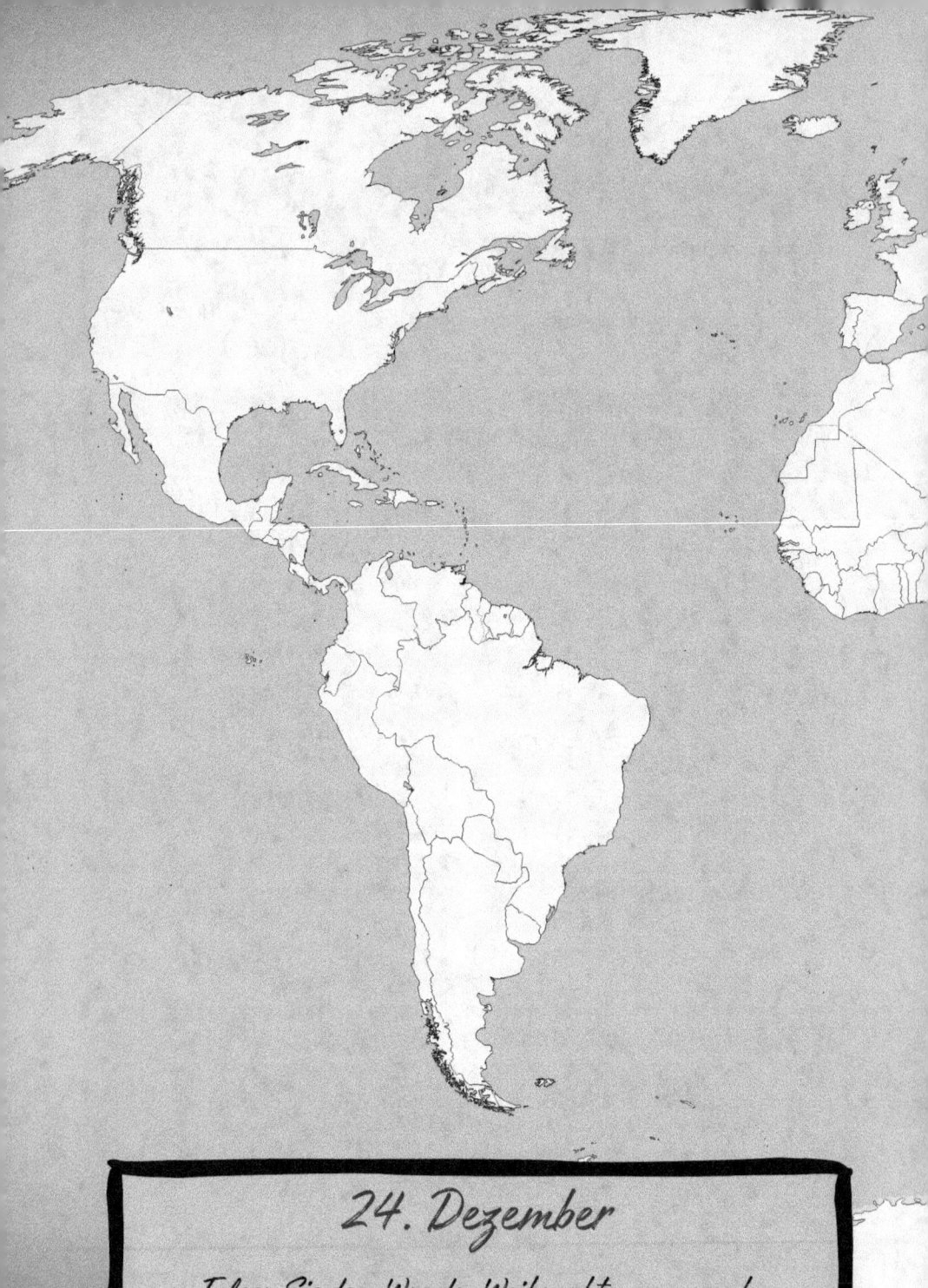

24. Dezember

Folgen Sie dem Weg des Weihnachtsmanns nach Hause, basierend auf seinen Erinnerungen.

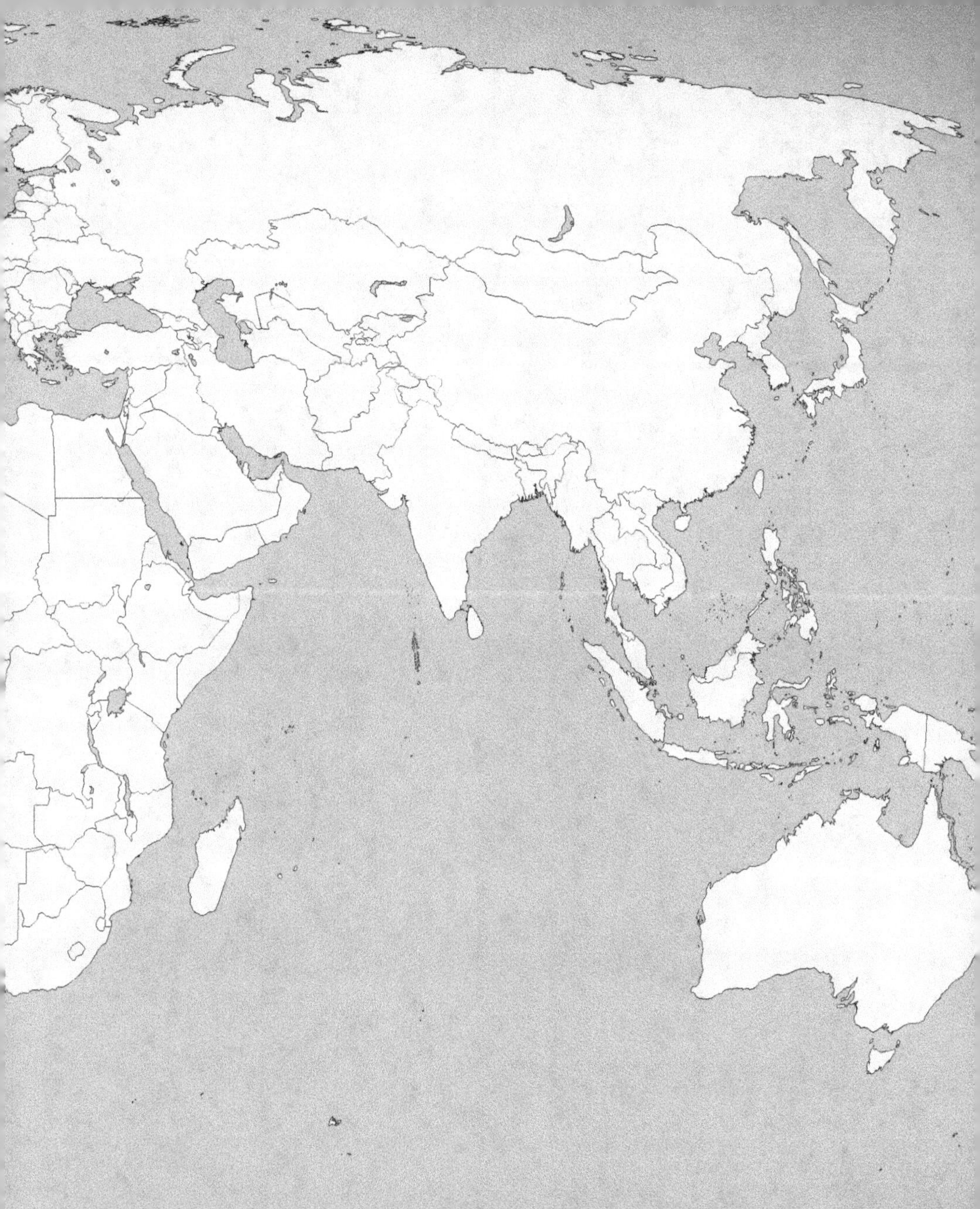

Markieren Sie die Punkte, an denen Sie vorbeikommen. So können Sie leichter entscheiden, welche Richtung Sie einschlagen müssen.

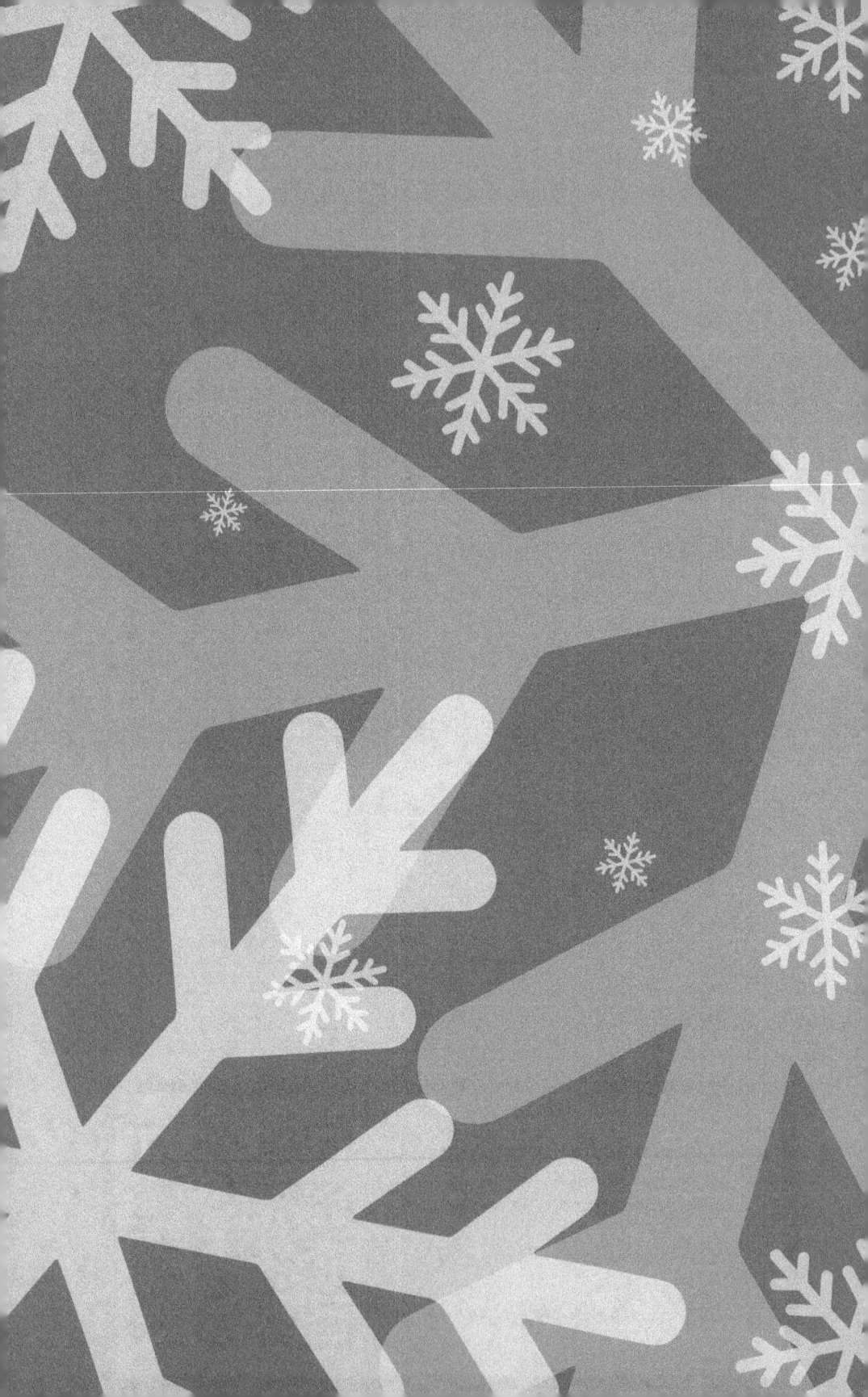

Weihnachtstag

Als der Weihnachtsmann nach der Verteilung aller Geschenke an Kinder auf der ganzen Welt in seinem gemütlichen Zuhause ankam, verspürte er tiefe Zufriedenheit und angenehme Müdigkeit. Er hatte wieder einmal die magische Mission erfüllt, Freude und Hoffnung in jeden Winkel des Planeten zu bringen. Er hatte sich eine wohlverdiente Ruhepause verdient.

Als er das Haus betrat, zog er seine schweren, schneebedeckten Stiefel aus und hängte seinen roten Mantel an die Garderobe neben der Tür. Die Wärme des Hauses hüllte ihn sofort ein und der sanfte Duft von Kiefern und Weihnachtsgewürzen erfüllte die Luft.

Es war Zeit, sich zu entspannen, abzuschalten und die Ruhe seines Zuhauses zu genießen. Er ging ins Wohnzimmer, wo der Kamin brannte und goldenes Flackern auf die mit Fotos und Erinnerungen an vergangene Weihnachten geschmückten Wände warf.

Er saß in seinem Lieblingssessel, einem plüschigen und bequemen Sitz, der zahllose Nächte der Besinnung und Erholung erlebt hatte. Neben dem Kamin war die Atmosphäre warm und einladend. Das Geräusch des Windes draußen ließ das Innere noch behaglicher wirken.

Jetzt, da er Zeit hatte, beschloss er, sich mit einem Hobby zu beschäftigen. Auf dem Beistelltisch lag ein Puzzle, das er vor Wochen begonnen hatte, aber wegen der Weihnachtsvorbereitungen keine Zeit hatte, es fertigzustellen.

Nächstes Abenteuer

Es scheint, als würde der Weihnachtsmann nicht viel Zeit zum Ausruhen haben, denn etwas Großes steht bevor!

www.ingramcontent.com/pod-product-compliance
Lightning Source LLC
Chambersburg PA
CBHW071100240526
45471CB00016B/2268